SE 07

Curso

*La diferencia entre aprobar
y sacar plaza*

Cuerpo de Servicios Auxiliares.
Escala Auxiliares de enfermería (C2-03-03)

GENERALITAT VALENCIANA

Si aún no dispones de tu **Curso MAD360**, te ofrecemos un acceso GRATIS de 30 días para que disfrutes de los siguientes recursos:

- Técnicas de Memoria 360.
- MADTEST: Test *online* Nivel PRO.
- Temario en formato digital.
- Vídeos.
- Esquemas.
- Planificación de estudio.
- Foro entre opositores hasta la fecha del examen.*
- Recursos y novedades exclusivas.
- Consúltanos sobre tu oposición y proceso selectivo.
- Actualizaciones legislativas (Boletines Oficiales) hasta 60 días antes de la fecha del examen.*

Para acceder a esta prueba del Curso MAD360** será necesaria la compra de todos los libros para esta especialidad de la edición 2026.

Regístrate en **mad.es/iniciar-sesion** y, en la pestaña **MIS CURSOS**, valida los códigos que encontrarás en la última página de tus libros. Recuerda que dispones de un plazo de **45 días desde la fecha de compra** para realizar la validación. Si no verificas tu matrícula, el periodo de uso del curso comenzará a contar aunque no hayas accedido.

NOTA IMPORTANTE:

* Examen de esta categoría profesional correspondiente a la convocatoria publicada en el DOGV núm. 10321, de 12 de marzo de 2026, o hasta el 30 de abril de 2027, lo que se cumpla antes, y previa renovación del servicio.

** El acceso al CURSO MAD360 estará disponible desde abril de 2026 (algunos recursos podrían estar disponibles en fecha posterior). Tendrá una duración de 30 días RENOVABLES mediante pago, desde la validación de códigos, o hasta el 31 de octubre de 2027, lo que se cumpla antes.

MAD se reserva el derecho a ampliar dichas fechas.

Cuerpo de Servicios Auxiliares de la Generalitat Valenciana

Escala Auxiliar de Enfermería

Abril 2026

Cuerpo de Servicios Auxiliares de la Generalitat Valenciana

Escala Auxiliar de Enfermería

Test del Temario

Autores

FRANCISCO JESÚS TORRES FONSECA
LICENCIADO EN DERECHO

MAGALÍ RIERA ROCA
LICENCIADA EN DERECHO

M.ª DEL CARMEN SILVA GARCÍA
DIPLOMADA UNIVERSITARIA EN ENFERMERÍA
TÉCNICA ESPECIALISTA DE LABORATORIO

JUAN MANUEL GIL RAMOS
LICENCIADO EN MEDICINA. MASTER EN SALUD AMBIENTAL.

JOSÉ MANUEL PÉREZ SANTANA
DIPLOMADO UNIVERSITARIO EN ENFERMERÍA

HERMINIA ANDRADES ROMERO
DIPLOMADA EN FISIOTERAPIA
TÉCNICO SUPERIOR EN IMAGEN PARA EL DIAGNÓSTICO

ANA M.ª CERVERA SÁNCHEZ
DOCTORA EN HISTORIA CONTEMPORÁNEA

© 7 Editores Recursos para la Cualificación Profesional y el Empleo, S.L. (7 Editores)
© Los autores
Primera edición, abril 2026 (152 páginas)
Derechos de edición reservados a favor de 7 Editores
IMPRESO EN ESPAÑA
Diseño Portada: 7 Editores
Edita: 7 Editores
Avda. San Francisco Javier, 9 · Edificio Sevilla 2 · Planta 11 · Módulos 25-27 · 41018 Sevilla
Teléfono: 954 784 411 · WEB: www.mad.es · e-mail: administracion@7editores.com
ISBN: 979-13-702-8766-5
© "Editorial Mad" y "Eduforma" son nombres comerciales registrados de
7 Editores Recursos para la Cualificación Profesional y el Empleo, S.L.

Índice

D. FUNCIÓN PÚBLICA

E. MATERIAS TRANSVERSALES

TEST PARTE ESPECIAL

BLOQUE I: AICP

BLOQUE II: CUIDADOS, PREVENCIÓN Y PROMOCIÓN

PARTE GENERAL

A. Constitución

La Constitución Española de 1978: Título Preliminar; Título Primero, De los Derechos y Deberes Fundamentales

1. ¿En qué se fundamenta la Constitución Española?

a) En un Estado social y democrático de Derecho.
b) En la indisoluble unidad de la Nación española.
c) En la independencia de los poderes del Estado.
d) En la organización territorial del Estado.

2. Según el artículo 3 de la CE, el castellano es la lengua oficial del Estado y todos los Españoles:

a) Tienen el deber de usar y el derecho de conocer el castellano.
b) Tienen el derecho y el deber de conocer el castellano.
c) Tienen el deber de conocer y el derecho de usar el castellano.
d) Tienen el derecho de conocer y usar el castellano.

3. La Constitución Española reconoce y garantiza el derecho a la autonomía:

a) De las nacionalidades que la integran.
b) De las regiones que la integran.
c) De las Comunidades Autónomas que la integran.
d) De las nacionalidades y regiones que la integran.

4. El Preámbulo de la Constitución:

a) Tiene en sí carácter de norma jurídica.
b) Es una declaración de intenciones, destinada a interpretar lo que se quiere alcanzar con el contenido normativo de la Constitución.

c) Se trata de un texto sin fuerza jurídica de obligar.

d) Las respuestas b) y c) son correctas.

5. Señala la afirmación correcta, respecto de la aprobación, ratificación y publicación de la Constitución Española:

a) Aprobada por las Cortes el 31 de octubre de 1978, ratificada por el pueblo en referéndum el 6 de diciembre de 1978 y publicada el 29 de diciembre de 1978.

b) Aprobada por las Cortes el 30 de octubre de 1978, ratificada por el pueblo en referéndum el 16 de diciembre de 1978 y publicada el 27 de diciembre de 1978.

c) Aprobada por las Cortes el 31 de octubre de 1978, ratificada por el pueblo en referéndum el 16 de diciembre de 1978 y publicada el 29 de diciembre de 1978.

d) Aprobada por las Cortes el 10 de octubre de 1978, ratificada por el pueblo en referéndum el 26 de diciembre de 1978 y publicada el 30 de diciembre de 1978.

6. ¿En qué parte de la Carta Magna se establece la exposición de motivos que impulsan la norma constitucional y los objetivos que con ella se pretenden alcanzar?

a) En el Título preliminar.

b) En el Preámbulo.

c) En el Título I.

d) En el Título II.

7. La Constitución Española fue sancionada por:

a) El Rey.

b) El Presidente del Congreso.

c) Las Cortes Generales.

d) El Presidente del Gobierno.

8. ¿Cuáles de los siguientes españoles de origen pueden ser privados de su nacionalidad?

a) Exclusivamente los miembros de grupos terroristas.

b) Los miembros de grupos terroristas y los que atenten contra el Rey u otro miembro de la Casa Real.

c) Los que atenten contra un miembro de la Familia Real o del Gobierno de la Nación.

d) Ningún español de origen podrá ser privado de su nacionalidad.

9. Según la CE son fundamentos del orden político y la paz social:

a) La dignidad de la persona, los derechos violables que les son inherentes y el respeto a la ley.

b) La dignidad de la persona, el desarrollo limitado de la personalidad y el respeto a la ley.

c) El respeto a la ley, a los reglamentos administrativos y demás disposiciones legales.

d) La dignidad de la persona, los derechos inviolables que le son inherentes, el libre desarrollo de su personalidad, el respeto a la ley y a los derechos de los demás.

10. ¿Cuál de los siguientes es considerado por la CE como uno de los valores superiores del ordenamiento jurídico?

a) La jerarquía normativa.
b) El pluralismo político.
c) La publicidad normativa.
d) La equidad.

11. La forma política del Estado español es:

a) Democracia parlamentaria.
b) Gobierno parlamentario.
c) Monarquía parlamentaria.
d) República democrática.

12. La parte de la CE que regula la estructura de los principales órganos del Estado recibe el nombre de:

a) Parte dogmática.
b) Parte orgánica.
c) Parte estatal.
d) Parte estructural.

13. Según la CE, la soberanía nacional:

a) Corresponde a las Cortes Generales, al estar compuestas por los representantes del pueblo.
b) Corresponde al Rey.
c) Reside en el pueblo español.
d) Corresponde al Gobierno de la Nación elegido directamente por el pueblo.

14. El derecho a la propiedad en nuestra Constitución es un Derecho:

a) Inherente a la condición humana.
b) Absoluto.
c) Limitado por la función social de la misma.
d) Ninguna de las respuestas anteriores es correcta.

15. ¿En qué parte de la Carta Magna se señalan los valores superiores del ordenamiento jurídico?

a) En el Preámbulo.
b) En el Título Preliminar.
c) En el Título I.
d) Ninguna respuesta es correcta.

En MADTEST tienes **más preguntas de este tema**, y todos tus avances quedan registrados y se reflejan en el ranking.

¡Supera tus límites con MADTEST!

Solución al test n.º 1

1. b) En la indisoluble unidad de la Nación española.

2. c) Tienen el deber de conocer y el derecho de usar el castellano.

3. d) De las nacionalidades y regiones que la integran.

4. d) Las respuestas b) y c) son correctas.

5. a) Aprobada por las Cortes el 31 de octubre de 1978, ratificada por el pueblo en referéndum el 6 de diciembre de 1978 y publicada el 29 de diciembre de 1978.

6. b) En el Preámbulo.

7. a) El Rey.

8. d) Ningún español de origen podrá ser privado de su nacionalidad.

9. d) La dignidad de la persona, los derechos inviolables que le son inherentes, el libre desarrollo de su personalidad, el respeto a la ley y a los derechos de los demás.

10. b) El pluralismo político.

11. c) Monarquía parlamentaria.

12. b) Parte orgánica.

13. c) Reside en el pueblo español.

14. c) Limitado por la función social de la misma.

15. b) En el Título Preliminar.

B. Organización de la Comunitat Valenciana

El Estatuto de Autonomía de la Comunitat Valenciana: Título I, La Comunitat Valenciana; Título II, De los derechos de los valencianos y valencianas; Título III, La Generalitat; Título IV, Las Competencias

1. El Estatuto de Autonomía de la Comunitat Valenciana establece que la Comunitat se constituye como nacionalidad histórica:

a) Por su tradición política exclusivamente.
b) Por sus raíces históricas, personalidad diferenciada, lengua, cultura y Derecho Civil Foral.
c) Por su condición de antiguo reino independiente.
d) Por el reconocimiento de las Cortes Generales mediante ley orgánica posterior.

2. La estructura del Estatuto de Autonomía vigente tras la reforma de 2006 se compone de:

a) Preámbulo, 9 títulos y 81 artículos.
b) Preámbulo, 10 títulos y 81 artículos.
c) Preámbulo, 9 títulos y 80 artículos.
d) Preámbulo, 10 títulos y 82 artículos.

3. El régimen preautonómico valenciano se instauró mediante:

a) Ley Orgánica 12/1982.
b) Real Decreto-Ley 10/1978 de creación del Consell del País Valenciano.
c) Ley Orgánica 5/1982.
d) Decreto del Gobierno de España de 1977.

4. Según el Estatuto, tendrán la condición política de valencianos:

a) Los ciudadanos españoles nacidos en la Comunitat Valenciana.
b) Los ciudadanos con vecindad civil valenciana.
c) Los españoles con vecindad administrativa en cualquier municipio de la Comunitat Valenciana.
d) Los residentes legales en la Comunitat Valenciana durante más de cinco años.

5. Los descendientes de valencianos residentes en el extranjero:

a) Solo tendrán derechos culturales.
b) Tendrán los mismos derechos que los valencianos si se inscriben como españoles conforme a la ley estatal.
c) Tendrán únicamente derechos sociales.
d) No podrán adquirir derechos políticos.

6. Las comunidades de valencianos fuera de la Comunitat Valenciana pero dentro de España:

a) Tendrán únicamente derechos culturales.
b) Podrán participar en la vida social y cultural de la Comunitat si se reconoce su valencianidad.
c) Tendrán representación política en Les Corts.
d) Tendrán derechos políticos equivalentes a los valencianos residentes.

7. En relación con comunidades valencianas en el extranjero, la Generalitat:

a) Puede celebrar tratados internacionales directamente.
b) Puede firmar acuerdos internacionales sin intervención estatal.
c) Puede solicitar al Estado la celebración de tratados o convenios con otros Estados.
d) Puede firmar convenios con comunidades autónomas extranjeras.

8. Respecto al Derecho Civil Valenciano, el Estatuto establece que:

a) Solo se aplicará dentro del territorio valenciano.
b) Se aplicará a quienes tengan vecindad civil valenciana con independencia de su residencia.
c) Solo se aplicará si existe normativa estatal complementaria.
d) Solo se aplicará a los residentes en la Comunitat Valenciana.

9. Las normas del Derecho Foral Valenciano y las disposiciones de la Generalitat tendrán, con carácter general:

a) Eficacia personal.
b) Eficacia territorial.
c) Eficacia universal.
d) Eficacia subsidiaria respecto al Derecho estatal.

10. La Generalitat garantizará el uso normal y oficial de:

a) El valenciano exclusivamente.
b) El castellano exclusivamente.
c) Las dos lenguas oficiales: valenciano y castellano.
d) Las lenguas oficiales del Estado.

11. La determinación de los territorios en los que predomine el uso del valenciano o del castellano corresponde a:

a) El Consell.
b) Les Corts mediante ley.
c) El President de la Generalitat.
d) La Acadèmia Valenciana de la Llengua.

12. El Estatuto reconoce el derecho de los ciudadanos valencianos a:

a) Recibir enseñanza únicamente en valenciano.
b) Recibir enseñanza del valenciano y en valenciano.
c) Elegir libremente la lengua oficial en la educación universitaria únicamente.
d) Utilizar el valenciano solo en la administración autonómica.

13. El derecho a una buena administración implica, entre otros aspectos:

a) Trato equitativo e imparcial y resolución en plazo razonable.
b) Resolución inmediata de todos los procedimientos.
c) Resolución automática de los expedientes.
d) Resolución sin intervención administrativa.

14. El derecho a acceder a documentos de las instituciones públicas valencianas:

a) Se limita a documentos administrativos.
b) Es un derecho reconocido por el Estatuto.
c) Solo corresponde a los diputados de Les Corts.
d) Solo corresponde a asociaciones ciudadanas.

15. El derecho a participar en la vida política, económica, cultural y social de la Comunitat Valenciana:

a) Solo puede ejercerse individualmente.
b) Solo puede ejercerse colectivamente.
c) Puede ejercerse de forma individual o colectiva.
d) Solo puede ejercerse a través de partidos políticos.

En MADTEST tienes **más preguntas de este tema**, y todos tus avances quedan registrados y se reflejan en el ranking.

¡Supera tus límites con MADTEST!

Solución al test n.º 2

1. b) Por sus raíces históricas, personalidad diferenciada, lengua, cultura y Derecho Civil Foral.

2. b) Preámbulo, 10 títulos y 81 artículos.

3. b) Real Decreto-Ley 10/1978 de creación del Consell del País Valenciano.

4. c) Los españoles con vecindad administrativa en cualquier municipio de la Comunitat Valenciana.

5. b) Tendrán los mismos derechos que los valencianos si se inscriben como españoles conforme a la ley estatal.

6. b) Podrán participar en la vida social y cultural de la Comunitat si se reconoce su valencianidad.

7. c) Puede solicitar al Estado la celebración de tratados o convenios con otros Estados.

8. b) Se aplicará a quienes tengan vecindad civil valenciana con independencia de su residencia.

9. b) Eficacia territorial.

10. c) Las dos lenguas oficiales: valenciano y castellano.

11. b) Les Corts mediante ley.

12. b) Recibir enseñanza del valenciano y en valenciano.

13. a) Trato equitativo e imparcial y resolución en plazo razonable.

14. b) Es un derecho reconocido por el Estatuto.

15. c) Puede ejercerse de forma individual o colectiva.

TEST N.º 3

La Ley 5/1983, de 30 de diciembre, del Consell: Título I, Del President de la Generalitat; Título II, Del Consell: Capítulo I, Del Consell y su composición; Capítulo II, De las atribuciones del Consell; Capítulo III, Del funcionamiento del Consell; Capítulo VI, De la iniciativa legislativa, de los Decretos Legislativos y de la potestad reglamentaria del Consell; Título III, De las relaciones entre el Consell y Les Corts

1. Según la Ley del Consell, el President de la Generalitat reúne varias funciones institucionales derivadas del Estatuto de Autonomía. ¿Cuál de las siguientes refleja correctamente su posición institucional?

a) Es la más alta representación de la Comunitat Valenciana y dirige la acción del Consell.
b) Preside Les Corts Valencianes y dirige la Administración de Justicia.
c) Representa al Estado en las Cortes Generales.
d) Preside el Tribunal Superior de Justicia de la Comunitat Valenciana.

2. En el procedimiento de investidura del President de la Generalitat, el candidato propuesto por el President de Les Corts:

a) Debe presentar previamente la composición del Consell.
b) Expondrá ante Les Corts el programa político del gobierno que pretende formar.
c) Debe presentar el decreto de estructura de Consellerias.
d) Debe comunicar previamente al Rey su programa.

3. Si el candidato propuesto no obtiene la mayoría absoluta en la primera votación de investidura:

a) Se convoca automáticamente nuevas elecciones.
b) Se inicia obligatoriamente una nueva ronda de consultas.
c) La votación se repetirá cuarenta y ocho horas después requiriéndose mayoría simple.
d) El candidato queda automáticamente descartado.

4. El plazo máximo para lograr la elección del President de la Generalitat antes de la disolución de Les Corts es:

a) Un mes desde la propuesta del candidato.
b) Tres meses desde la constitución de Les Corts.
c) Un mes desde la primera votación.
d) Dos meses desde la primera votación de investidura.

5. En caso de fallecimiento del President de la Generalitat, la representación más alta de la Comunitat Valenciana será asumida por:

a) El President de Les Corts.
b) El Vicepresidente primero del Consell.
c) El Conseller más antiguo.
d) El Secretario del Consell.

6. Cuando existan varios Vicepresidentes y el President se encuentre ausente o enfermo:

a) Asumen las funciones de forma colegiada.
b) Asume las funciones el Vicepresidente según su orden.
c) Asume las funciones el Conseller más antiguo.
d) Asume las funciones el Secretario del Consell.

7. El President de la Generalitat podrá proponer consultas populares:

a) En cualquier materia sin limitación.
b) Exclusivamente sobre materias estatales.
c) En el marco de la legislación estatal y sobre materias autonómicas o locales.
d) Solo mediante referéndum vinculante.

8. Respecto al régimen de incompatibilidades del President de la Generalitat:

a) Puede ejercer actividades mercantiles si son compatibles con el cargo.
b) Puede ejercer funciones públicas autorizadas por Les Corts.
c) Puede ejercer actividad profesional si no es remunerada.
d) No puede ejercer actividad profesional ni mercantil alguna.

9. Como President del Consell corresponde al President de la Generalitat:

a) Establecer las directrices generales de la acción del Consell.
b) Aprobar leyes autonómicas.
c) Nombrar diputados autonómicos.
d) Presidir el Tribunal Superior de Justicia.

10. Para plantear una cuestión de confianza ante Les Corts, el President de la Generalitat:

a) Debe contar con autorización del Consell.
b) Debe deliberarlo previamente con el Consell.

c) Debe solicitar autorización al Rey.
d) Debe contar con informe del Consell Jurídic Consultiu.

11. El Consell, según la Ley 5/1983:

a) Es un órgano consultivo de la Generalitat.
b) Es el órgano colegiado en el que reside la potestad ejecutiva y reglamentaria.
c) Es el órgano legislativo autonómico.
d) Es un órgano de control parlamentario.

12. La composición del Consell incluye:

a) President, Consellers y Secretarios Autonómicos.
b) President, Vicepresidentes en su caso y Consellers.
c) President, Consellers y Directores Generales.
d) President, Vicepresidentes y Secretarios Autonómicos.

13. Los Secretarios Autonómicos:

a) Forman parte del Consell con voz y voto.
b) Forman parte del Consell con voz pero sin voto.
c) No forman parte del Consell aunque pueden asistir si son convocados.
d) Forman parte del Consell en sesiones extraordinarias.

14. El Secretario del Consell es designado:

a) Por Les Corts.
b) Por el Consell Jurídic Consultiu.
c) Por el Vicepresidente primero.
d) Por el President de la Generalitat entre los miembros del Consell.

15. El portavoz del Consell:

a) Debe ser miembro del Consell.
b) Debe ser diputado autonómico.
c) Puede ser cualquier alto cargo de la Generalitat.
d) Debe ser Secretario autonómico.

En MADTEST tienes **más preguntas de este tema**, y todos tus avances quedan registrados y se reflejan en el ranking.

¡Supera tus límites con MADTEST!

Solución al test n.º 3

1. a) Es la más alta representación de la Comunitat Valenciana y dirige la acción del Consell.

2. b) Expondrá ante Les Corts el programa político del gobierno que pretende formar.

3. c) La votación se repetirá cuarenta y ocho horas después requiriéndose mayoría simple.

4. d) Dos meses desde la primera votación de investidura.

5. a) El President de Les Corts.

6. b) Asume las funciones el Vicepresidente según su orden.

7. c) En el marco de la legislación estatal y sobre materias autonómicas o locales.

8. d) No puede ejercer actividad profesional ni mercantil alguna.

9. a) Establecer las directrices generales de la acción del Consell.

10. b) Debe deliberarlo previamente con el Consell.

11. b) Es el órgano colegiado en el que reside la potestad ejecutiva y reglamentaria.

12. b) President, Vicepresidentes en su caso y Consellers.

13. c) No forman parte del Consell aunque pueden asistir si son convocados.

14. d) Por el President de la Generalitat entre los miembros del Consell.

15. a) Debe ser miembro del Consell.

**La Ley 5/1983, de 30 de diciembre, del Consell:
Título II, Del Consell: Capítulo IV, De la Conselleria y de los
Consellers; Capítulo V, Del Estatuto personal de los Consellers;
Título IV, De la Administración Pública de la Generalitat**

1. Dentro de la organización administrativa de la Generalitat, las Consellerias se configuran como:

a) Departamentos administrativos dirigidos por un Conseller miembro del Consell.
b) Órganos colegiados dependientes del President.
c) Entidades públicas con personalidad jurídica propia.
d) Órganos dependientes directamente de Les Corts.

2. Los Consellers, además de ser miembros del Consell, tienen la condición de:

a) Representantes de Les Corts.
b) Jefes de Departamento.
c) Órganos directivos territoriales.
d) Delegados del President.

3. En materia presupuestaria, los Consellers:

a) Aprueban el presupuesto general de la Generalitat.
b) Elaboran el presupuesto de todas las Consellerias.
c) Formulan motivadamente el anteproyecto de presupuesto de su Conselleria.
d) Aprueban las modificaciones presupuestarias del Consell.

4. En materia de potestad reglamentaria, los Consellers la ejercen mediante:

a) Decretos del Consell.
b) Resoluciones administrativas.
c) Decretos legislativos.
d) Órdenes de la Conselleria.

5. Los Consellers ejecutan los acuerdos del Consell:

a) Dentro del marco de sus competencias.
b) Siempre que lo autoricen Les Corts.
c) Solo cuando lo ordene el President.
d) Únicamente mediante decreto.

6. La resolución de conflictos de atribuciones entre órganos de una misma Conselleria corresponde:

a) Al President de la Generalitat.
b) Al Conseller correspondiente.
c) Al Secretario Autonómico.
d) Al Director General.

7. Los Consellers podrán disponer gastos de los servicios de su Conselleria:

a) Sin límite presupuestario.
b) Solo previa autorización de Les Corts.
c) Dentro de los límites legales y presupuestarios.
d) Únicamente con autorización del Consell.

8. En relación con la contratación administrativa, los Consellers:

a) Solo pueden intervenir en contratos menores.
b) Solo pueden proponer contratos al Consell.
c) No tienen competencias en contratación.
d) Ejercen las facultades ordinarias dentro de los límites legales y presupuestarios.

9. Entre las causas de cese de los Consellers se encuentra:

a) La incompatibilidad sobrevenida.
b) La pérdida de confianza de Les Corts.
c) La decisión del Tribunal Superior de Justicia.
d) La finalización del ejercicio presupuestario.

10. Cuando cesa el President de la Generalitat:

a) Los Consellers cesan inmediatamente en todas sus funciones.
b) Los Consellers cesan, pero continúan en funciones hasta el nuevo Consell.
c) Solo cesan los Vicepresidentes.
d) Solo cesan los Consellers sin cartera.

11. La Administración Pública de la Generalitat se organiza:

a) Como entidades independientes.
b) Con personalidad jurídica única.

c) Con personalidad jurídica compartida con el Estado.
d) Como órganos descentralizados autónomos.

12. Entre los principios que rigen la actuación administrativa de la Generalitat se encuentra:

a) Exclusividad administrativa.
b) Jerarquía y coordinación.
c) Independencia institucional.
d) Autonomía financiera absoluta.

13. La delegación de competencias en la Administración de la Generalitat tiene como finalidad principal:

a) Mejorar la eficacia en el ejercicio de las funciones administrativas.
b) Transferir competencias a otras Administraciones.
c) Crear nuevos órganos administrativos.
d) Reducir la jerarquía administrativa.

14. Las delegaciones de competencias deberán publicarse en:

a) El Boletín Oficial del Estado.
b) El Diari Oficial de la Comunitat Valenciana.
c) El Diario de Les Corts.
d) El Registro administrativo de la Conselleria.

15. Las delegaciones de competencias podrán ser revocadas:

a) En cualquier momento por el órgano delegante.
b) Solo por Les Corts.
c) Solo por el Consell.
d) Solo por el President de la Generalitat.

En MADTEST tienes **más preguntas de este tema**, y todos tus avances quedan registrados y se reflejan en el ranking.

¡Supera tus límites con MADTEST!

Solución al test n.º 4

1. a) Departamentos administrativos dirigidos por un Conseller miembro del Consell.

2. b) Jefes de Departamento.

3. c) Formulan motivadamente el anteproyecto de presupuesto de su Conselleria.

4. d) Órdenes de la Conselleria.

5. a) Dentro del marco de sus competencias.

6. b) Al Conseller correspondiente.

7. c) Dentro de los límites legales y presupuestarios.

8. d) Ejercen las facultades ordinarias dentro de los límites legales y presupuestarios.

9. a) La incompatibilidad sobrevenida.

10. b) Los Consellers cesan, pero continúan en funciones hasta el nuevo Consell.

11. b) Con personalidad jurídica única.

12. b) Jerarquía y coordinación.

13. a) Mejorar la eficacia en el ejercicio de las funciones administrativas.

14. b) El Diari Oficial de la Comunitat Valenciana.

15. a) En cualquier momento por el órgano delegante.

C. Derecho Administrativo

La Ley 40/2015, de 1 de octubre, de régimen jurídico del sector público: Título preliminar, Capítulo I: Disposiciones generales. Capítulo II: Los órganos de las Administraciones Públicas

1. De conformidad con el artículo 8 de la Ley 40/2015, de 1 de octubre, de Régimen Jurídico del Sector Público, la competencia para el dictado de actos administrativos:

a) Es irrenunciable y siempre se ejercerá por los órganos administrativos que la tengan atribuida como propia.

b) Se puede delegar en todo caso.

c) Es irrenunciable y se ejercerá por los órganos administrativos que la tengan atribuida como propia, salvo los casos de delegación o avocación, en los términos previstos en la ley.

d) Es irrenunciable y se ejercerá por los órganos administrativos que la tengan atribuida como propia, salvo los casos de delegación de firma o suplencia, en los términos previstos en la ley.

2. En ningún caso podrán ser objeto de delegación, tal y como dispone la Ley 40/2015, de 1 de octubre, competencias relativas a:

a) La resolución de los recursos de alzada.

b) La adopción de disposiciones de carácter general.

c) Las resoluciones en materia de personal.

d) Las resoluciones de responsabilidad patrimonial.

3. Según dispone el artículo 23 de la Ley 40/2015, de 1 de octubre, de Régimen Jurídico del Sector Público, es motivo de abstención:

a) Tener interés personal en el asunto de que se trate o en otro en cuya resolución pudiera influir la de aquel, ser administrador de sociedad o entidad interesada, o tener cuestión litigiosa pendiente con algún interesado.

b) Tener parentesco de consanguinidad dentro del cuarto grado o de afinidad dentro del tercero, con cualquiera de los interesados, con los administradores de entidades o sociedades interesadas o con sus asesores o representantes legales.

c) Haber prestado servicios profesionales de cualquier tipo y en cualquier circunstancia o lugar en los cinco últimos años a persona natural interesada directamente en el asunto.

d) Haber prestado servicios profesionales de cualquier tipo y en cualquier circunstancia o lugar en los cinco últimos años a persona jurídica interesada directamente en el asunto.

4. La recusación de acuerdo con el artículo 24 de la Ley 40/2015, de 1 de octubre, de Régimen Jurídico del Sector Público, la promueve:

a) La autoridad.

b) El superior jerárquico de la autoridad o funcionario.

c) El interesado.

d) El funcionario.

5. Según dispone el artículo 23 de la Ley 40/2015, de 1 de octubre, de Régimen Jurídico del Sector Público, NO es un motivo de abstención:

a) Haber tenido intervención como perito en el procedimiento de que se trate.

b) Tener parentesco de afinidad dentro del segundo grado, con cualquiera de los interesados, con los administradores de entidades o sociedades interesadas y también con los asesores, representantes legales o mandatarios que intervengan en el procedimiento.

c) Tener parentesco de afinidad dentro del cuarto grado, con cualquiera de los interesados, con los administradores de entidades o sociedades interesadas y también con los asesores, representantes legales o mandatarios que intervengan en el procedimiento.

d) Haber tenido intervención como testigo en el procedimiento de que se trate.

6. Según el artículo 9 de la Ley 40/2015, de 1 de octubre, de Régimen Jurídico del Sector Público, la delegación de competencias:

a) Será revocable en cualquier momento por el órgano que la haya conferido.

b) Es irrevocable.

c) Será revocable solo por el Consejo de Gobierno.

d) Será revocable solo por el Consejo de Ministros.

7. De acuerdo con el artículo 3 de la Ley 40/2015, de 1 de octubre, de Régimen Jurídico del Sector Público, ¿cuáles son los principios de actuación de las Administraciones Públicas?

a) Jerarquía, cooperación, descentralización, desconcentración y colaboración.

b) Eficacia, desconcentración, jerarquía, descentralización y cooperación.

c) Coordinación, descentralización, jerarquía, eficacia y desconcentración.

d) Cooperación, jerarquía, descentralización, eficiencia y servicio a los ciudadanos.

8. ¿Qué principios deberán respetar en su actuación las Administraciones Públicas, conforme al artículo 3 de la Ley 40/2015, de 1 de octubre, de Régimen Jurídico del Sector Público?

a) Los de buena fe y confianza legítima.

b) Los de eficiencia y servicio a los ciudadanos.

c) Participación, objetividad y transparencia de la actuación administrativa.
d) Los de transparencia y participación.

9. ¿Qué principios deberán respetar en sus relaciones las Administraciones Públicas?

a) Buena fe, confianza legítima y lealtad institucional.
b) Los de eficiencia y servicio a los ciudadanos.
c) Los de transparencia y participación.
d) Los de cooperación y colaboración.

10. Las Administraciones Públicas se relacionarán entre sí y con sus órganos, organismos públicos y entidades vinculados o dependientes, conforme al artículo 3.2 de la Ley 40/2015, de 1 de octubre, de Régimen Jurídico del Sector Público:

a) A través de medios electrónicos.
b) A través de medios electrónicos, que aseguren la interoperabilidad y seguridad de los sistemas y soluciones adoptadas por cada una de ellas garantizando la protección de los datos de carácter personal, y facilitando preferentemente la prestación conjunta de servicios a los interesados.
c) Directamente y sin dilación garantizando la protección de los datos de carácter personal, y facilitarán preferentemente la prestación conjunta de servicios a los interesados.
d) Preferentemente a través de medios electrónicos, que aseguren la prestación conjunta de servicios a los interesados.

11. ¿Cuál de las siguientes respuestas es correcta, de acuerdo con lo dispuesto en el artículo 3.4 de la Ley 40/2015, de 1 de octubre, de Régimen Jurídico del Sector Público?

a) Cada Administración Pública actúa para el cumplimiento de sus fines con personalidad jurídica única.
b) Las Administraciones Públicas se configuran como órganos territoriales.
c) Las Administraciones Públicas están integradas por entes locales.
d) Cada Administración instrumental actúa para el cumplimiento de sus fines con personalidad jurídica única.

12. Conforme a lo dispuesto en el artículo 5.3 de la Ley 40/2015, de 1 de octubre, de Régimen Jurídico del Sector Público, ¿qué requisito, de los siguientes, debe cumplirse para la creación de cualquier órgano administrativo?

a) Determinar su forma de descentralización en la Administración Pública de que se trate.
b) Fijar los objetivos de interés común a cumplir.
c) La dotación de los créditos necesarios para su puesta en marcha y funcionamiento.
d) Deben cumplirse todos los requisitos anteriores.

13. De acuerdo con lo dispuesto en el artículo 8.1 de la Ley 40/2015, de 1 de octubre, de Régimen Jurídico del Sector Público, ¿cómo es la competencia que ejerce un órgano administrativo que la tenga atribuida como propia?

a) Es compartida con el órgano de superior jerarquía.

b) Es irrenunciable.

c) Es renunciable ante el órgano superior del mismo ente.

d) Es renunciable ante el órgano superior del mismo ente, a través de la técnica de la avocación.

14. Señala la respuesta correcta. De acuerdo con lo dispuesto en el artículo 8 de la Ley 40/2015, de 1 de octubre, de Régimen Jurídico del Sector Público:

a) Se pueden crear órganos que supongan duplicación de otros ya existentes.

b) La delegación de firma y la suplencia supone alteración de la titularidad de la competencia.

c) La encomienda de gestión supone alteración de la titularidad de la competencia.

d) Salvo los casos de avocación o delegación la competencia es irrenunciable.

15. Señala la respuesta correcta. Según el artículo 9 de la Ley 40/2015, de 1 de octubre, de Régimen Jurídico del Sector Público:

a) Los órganos de las diferentes Administraciones Públicas no podrán delegar el ejercicio de competencias que tengan atribuidas en otros órganos de la misma Administración, aun cuando no sean jerárquicamente dependientes.

b) No podrán ser objeto de delegación las competencias relativas a asuntos que se refieran a las relaciones con las Asambleas Legislativas de las Comunidades Autónomas.

c) Se podrán delegar las competencias relativas a asuntos que se refieran a las relaciones con las Cortes Generales.

d) Podrá ser objeto de delegación la resolución de recursos en los órganos administrativos que hayan dictado los actos objeto de recurso.

En MADTEST tienes **más preguntas de este tema**, y todos tus avances quedan registrados y se reflejan en el ranking.

¡Supera tus límites con MADTEST!

Solución al test n.º 5

1. c) Es irrenunciable y se ejercerá por los órganos administrativos que la tengan atribuida como propia, salvo los casos de delegación o avocación, en los términos previstos en la ley.

2. b) La adopción de disposiciones de carácter general.

3. a) Tener interés personal en el asunto de que se trate o en otro en cuya resolución pudiera influir la de aquel, ser administrador de sociedad o entidad interesada, o tener cuestión litigiosa pendiente con algún interesado.

4. c) El interesado.

5. c) Tener parentesco de afinidad dentro del cuarto grado, con cualquiera de los interesados, con los administradores de entidades o sociedades interesadas y también con los asesores, representantes legales o mandatarios que intervengan en el procedimiento.

6. a) Será revocable en cualquier momento por el órgano que la haya conferido.

7. c) Coordinación, descentralización, jerarquía, eficacia y desconcentración.

8. c) Participación, objetividad y transparencia de la actuación administrativa.

9. a) Buena fe, confianza legítima y lealtad institucional.

10. b) A través de medios electrónicos, que aseguren la interoperabilidad y seguridad de los sistemas y soluciones adoptadas por cada una de ellas, garantizando la protección de los datos de carácter personal, y facilitando preferentemente la prestación conjunta de servicios a los interesados.

11. a) Cada Administración Pública actúa para el cumplimiento de sus fines con personalidad jurídica única.

12. c) La dotación de los créditos necesarios para su puesta en marcha y funcionamiento.

13. b) Es irrenunciable.

14. d) Salvo los casos de avocación o delegación la competencia es irrenunciable.

15. b) No podrán ser objeto de delegación las competencias relativas a asuntos que se refieran a las relaciones con las Asambleas Legislativas de las Comunidades Autónomas.

TEST N.º 6

La Ley 39/2015, de 1 de octubre, del procedimiento administrativo común de las Administraciones Públicas: Título preliminar, Disposiciones generales; Título I, De los interesados en el procedimiento; Título II, De la actividad de las administraciones públicas; Título III, De los actos administrativos

1. ¿A qué capacidad se refiere el art. 3 de la Ley 39/2015, de 1 de diciembre, en relación con las personas físicas?

a) A la capacidad jurídica.
b) A la capacidad para ser titular de derechos subjetivos.
c) A la capacidad para ser titular de deberes jurídicos.
d) A la capacidad de obrar.

2. Los menores de edad, ¿tienen capacidad de obrar ante las Administraciones Públicas?

a) Sí, en todo caso, para el ejercicio y defensa de aquellos de sus derechos e intereses cuya actuación esté permitida por el ordenamiento jurídico sin la asistencia de la persona que ejerza la patria potestad, tutela o curatela.
b) No, en ningún caso; únicamente tendrán capacidad de obrar ante las Administraciones Públicas, las personas físicas mayores de edad no incapacitadas.
c) Sí, para el ejercicio y defensa de aquellos de sus derechos e intereses cuya actuación esté permitida por el ordenamiento jurídico sin la asistencia de la persona que ejerza la patria potestad, tutela o curatela, aunque sean menores incapacitados, siempre que la extensión de la incapacitación no afecte al ejercicio y defensa de los derechos o intereses de que se trate.
d) Sí, excepto los menores incapacitados.

3. Excepto el supuesto previsto por el artículo 3.b) de la Ley 39/2015, de 1 de octubre, los menores de edad no tienen capacidad de obrar ante las Administraciones Públicas, y necesitan de la asistencia de la persona que ejerza la patria potestad, tutela o curatela. En relación con la patria potestad, señala cuál de los siguientes enunciados es incorrecto:

a) La patria potestad, como responsabilidad parental, se ejercerá siempre en interés de los hijos, de acuerdo con su personalidad, y con respeto a sus derechos, su integridad física y mental.
b) El ejercicio de la patria potestad comprende representar a sus hijos y administrar sus bienes.

c) Los hijos emancipados están bajo la patria potestad de los progenitores.

d) Si los hijos tuvieren suficiente madurez deberán ser oídos siempre antes de adoptar decisiones que les afecten.

4. ¿Quiénes de los siguientes están sujetos a tutela?

a) Los menores emancipados que estén bajo la patria potestad.

b) Los menores no emancipados que no estén bajo la patria potestad.

c) Los menores emancipados que no estén bajo la patria potestad.

d) Los hijos no emancipados.

5. ¿Cuál de las siguientes características se vincula con la institución de la curatela del menor a que hace referencia el art. 3.b) de la Ley 39/2015, de 1 de octubre?

a) El curador no cuida de la persona sujeta a curatela, sino de su patrimonio.

b) La función del curador es la de complementar la capacidad del menor en todos aquellos actos o negocios jurídicos que no puede realizar por sí mismo.

c) El curador tiene cura de la persona sujeta a curatela, pero no de su patrimonio.

d) El curador tiene cura de la persona sujeta a curatela y de su patrimonio.

6. Los patrimonios independientes o autónomos, ¿tienen capacidad de obrar ante las Administraciones Públicas?

a) Sí.

b) No.

c) Siempre que la ley así lo declare expresamente.

d) Los patrimonios independientes o autónomos tienen reconocida capacidad jurídica ante las Administraciones Públicas en aplicación del artículo 3 de la Ley 39/2015, de 1 de octubre.

7. Tendrán capacidad de obrar ante las Administraciones Públicas las personas jurídicas que ostenten capacidad de obrar con arreglo a las normas civiles. ¿En qué momento adquirirán esta capacidad?

a) Desde el instante mismo en que, con arreglo a derecho, hubiesen quedado válidamente constituidas.

b) Las personas jurídicas adquirirán su capacidad de obrar en los mismos términos que las personas físicas.

c) En el momento en que finalice su personalidad.

d) Las personas jurídicas no tienen capacidad de obrar ante las Administraciones Públicas sino capacidad jurídica.

8. En aplicación del art. 3 de la Ley 39/2015, de 1 de octubre, NO tendrán capacidad de obrar ante las Administraciones Públicas:

a) Las personas físicas incapacitadas.

b) Las personas jurídicas que ostenten capacidad de obrar con arreglo a las normas civiles.

c) Los menores de edad para el ejercicio y defensa de aquellos de sus derechos e intereses cuya actuación esté permitida por el ordenamiento jurídico sin la asistencia de la persona que ejerza la patria potestad, tutela o curatela.

d) Las asociaciones de interés público reconocidas por la ley.

9. ¿Una persona declarada pródiga tiene capacidad de obrar plena ante las Administraciones Públicas?

a) Sí; las personas físicas tienen capacidad de obrar ante las Administraciones Públicas.

b) No; puede estar sujeta a tutela.

c) No; puede estar sujeta a curatela.

d) No; está sujeta a la patria potestad de sus progenitores.

10. La Ley 40/2015, de 1 de octubre, de régimen jurídico del sector público, ¿establece alguna regulación sobre la capacidad de obrar de los interesados ante las Administraciones Públicas?

a) Sí, en su artículo 3.

b) Sí, en tanto la Ley 40/2015, de 1 de octubre, tiene por objeto regular el procedimiento administrativo común a todas las Administraciones Públicas.

c) No, en tanto la Ley 40/2015, de 1 de octubre, únicamente tiene por objeto regular los principios a los que se ha de ajustar el ejercicio de la iniciativa legislativa y la potestad reglamentaria.

d) No.

11. Una persona que quiera participar en un proceso selectivo para cubrir plazas en una Administración Pública, ¿se considera interesada en el procedimiento administrativo?

a) Sí, en aplicación del artículo 4.1.a) de la Ley 39/2015, de 1 de octubre.

b) Sí, en aplicación del artículo 4.1.b) de la Ley 39/2015, de 1 de octubre.

c) Sí, en aplicación del artículo 4.1.c) de la Ley 39/2015, de 1 de octubre.

d) No, en tanto el procedimiento lo ha promovido la Administración y no la persona interesada.

12. En un procedimiento de expropiación forzosa, una persona reclama para sí la titularidad de una parcela que no está a su nombre; ¿tendrá la consideración de persona interesada en el procedimiento administrativo?

a) Sí, en aplicación del artículo 4.1.a) de la Ley 39/2015, de 1 de octubre.

b) Sí, en aplicación del artículo 4.1.b) de la Ley 39/2015, de 1 de octubre.

c) Sí, en aplicación del artículo 4.1.c) de la Ley 39/2015, de 1 de octubre.

d) No, en tanto el procedimiento lo ha promovido la Administración y no la persona interesada.

13. En un procedimiento de expropiación forzosa, el titular de un bien inmueble objeto de expropiación, ¿tendrá la consideración de interesado en el procedimiento administrativo?

a) Sí, en aplicación del artículo 4.1.a) de la Ley 39/2015, de 1 de octubre.
b) Sí, en aplicación del artículo 4.1.b) de la Ley 39/2015, de 1 de octubre.
c) Sí, en aplicación del artículo 4.1.c) de la Ley 39/2015, de 1 de octubre.
d) Sí, en aplicación del artículo 4.2 de la Ley 39/2015, de 1 de octubre.

14. ¿Qué interés se reconocería a los Colegios Profesionales para intervenir en el procedimiento de homologación de títulos obtenidos en el extranjero?

a) Interés legítimo individual de cada uno de los profesionales que integran los Colegios Profesionales.
b) Derechos subjetivos de los poseedores de los títulos que van a ser objeto de homologación.
c) Intereses legítimos colectivos.
d) Intereses sociales.

15. La titular de un establecimiento de restauración en Benidorm, quiere solicitar al Ayuntamiento una autorización para proceder a la ocupación de un espacio de uso público con mesas, sillas y sombrillas para su negocio. ¿Tendrá la consideración de interesada en el procedimiento administrativo de autorización?

a) Sí, en aplicación del artículo 4.1.a) de la Ley 39/2015, de 1 de octubre.
b) Sí, en aplicación del artículo 4.1.b) de la Ley 39/2015, de 1 de octubre.
c) Sí, en aplicación del artículo 4.1.c) de la Ley 39/2015, de 1 de octubre.
d) Sí, en aplicación del artículo 4.2 de la Ley 39/2015, de 1 de octubre.

En MADTEST tienes **más preguntas de este tema**, y todos tus avances quedan registrados y se reflejan en el ranking.

¡Supera tus límites con MADTEST!

Solución al test n.º 6

1. d) A la capacidad de obrar.

2. c) Sí, para el ejercicio y defensa de aquellos de sus derechos e intereses cuya actuación esté permitida por el ordenamiento jurídico sin la asistencia de la persona que ejerza la patria potestad, tutela o curatela, aunque sean menores incapacitados, siempre que la extensión de la incapacitación no afecte al ejercicio y defensa de los derechos o intereses de que se trate.

3. c) Los hijos emancipados están bajo la patria potestad de los progenitores.

4. b) Los menores no emancipados que no estén bajo la patria potestad.

5. b) La función del curador es la de complementar la capacidad del menor en todos aquellos actos o negocios jurídicos que no puede realizar por sí mismo.

6. c) Siempre que la ley así lo declare expresamente.

7. a) Desde el instante mismo en que, con arreglo a derecho, hubiesen quedado válidamente constituidas.

8. a) Las personas físicas incapacitadas.

9. c) No; puede estar sujeta a curatela.

10. d) No.

11. b) Sí, en aplicación del artículo 4.1.b) de la Ley 39/2015, de 1 de octubre.

12. c) Sí, en aplicación del artículo 4.1.c) de la Ley 39/2015, de 1 de octubre.

13. b) Sí, en aplicación del artículo 4.1.b) de la Ley 39/2015, de 1 de octubre.

14. c) Intereses legítimos colectivos.

15. a) Sí, en aplicación del artículo 4.1.a) de la Ley 39/2015, de 1 de octubre.

D. Función Pública

TEST N.º 7

**La Ley 4/2021, de 16 de abril, de la Función Pública Valenciana:
Título I: Objeto, principios y ámbito de aplicación de la Ley;
Título III, Personal al servicio de las administraciones públicas;
Título V, Nacimiento y extinción de la relación de servicio;
Título VI, Derechos, deberes e incompatibilidades del personal
empleado público**

1. Según el artículo 2 de la Ley 4/2021, uno de los principios informadores de esta ley es la objetividad, profesionalidad, transparencia, integridad, imparcialidad y:

a) Austeridad.
b) Jerarquía.
c) Coordinación.
d) Participación.

2. Sin perjuicio de que puedan dictarse disposiciones reglamentarias específicas para adecuarla a las peculiaridades propias del sector, la Ley 4/2021 se aplicará:

a) Al personal investigador al servicio de la Generalitat.
b) Al personal funcionario o laboral empleado público gestionado por la conselleria competente en materia de sanidad.
c) Al personal al servicio de las Corts Valencianes.
d) Los consorcios adscritos a la Generalitat.

3. ¿Cuáles son los dos tipos de funcionarios que contempla la Ley 4/2021, de 16 de abril, de la Función Pública Valenciana?

a) Fijos y temporales.
b) Civiles y militares.
c) De carrera e interinos.
d) Profesionales y de prácticas.

4. Según el artículo 18 de la Ley 4/2021, una de las circunstancias que puede dar lugar al nombramiento de personal interino es:

a) La existencia de puestos de trabajo vacantes cuando no sea posible su cobertura por personal funcionario de carrera, por un máximo de dos años.

b) La sustitución transitoria de la persona titular de un puesto de trabajo, durante un máximo de seis meses.

c) La ejecución de programas de carácter temporal, con una duración, en ningún caso, superior a dos años.

d) El exceso o acumulación de tareas, de carácter excepcional y circunstancial, por un plazo máximo de nueve meses dentro de un período de dieciocho meses.

5. Los funcionarios interinos serán nombrados por razones expresamente justificadas de necesidad y:

a) Economía.

b) Eficacia.

c) Urgencia.

d) Calidad.

6. El personal laboral al servicio de la Administración de la Generalitat Valenciana no puede desempeñar puestos:

a) Correspondientes a áreas de actividades que requieran conocimientos técnicos especializados.

b) En el extranjero con funciones administrativas de trámite y colaboración y auxiliares, aunque comporten manejo de máquinas, archivo y similares.

c) Cuyas actividades sean propias de oficios.

d) Que impliquen la participación directa o indirecta en la salvaguardia de los intereses generales del Estado y de las Administraciones Públicas.

7. En relación al personal eventual al servicio de la Generalitat Valenciana, es cierto que:

a) La prestación de servicios como personal eventual constituirá mérito para el acceso al empleo público.

b) El personal eventual puede realizar actividades ordinarias de gestión o de carácter técnico.

c) Realiza con carácter permanente funciones expresamente calificadas como de confianza o asesoramiento especial.

d) Cesará automáticamente cuando cese la autoridad a la que presta su función asesora o de confianza.

8. El número de puestos en la Administración de la Generalitat Valenciana cubiertos por personal eventual:

a) Es indefinido e ilimitado.
b) Está limitado por un máximo establecido por el Consell.
c) Está limitado a tres por cada órgano superior de la Administración Pública.
d) No puede hacerse público, puesto que se trata de personal de confianza.

9. En relación al acceso de personal funcionario de carrera a la Dirección Pública Profesional en la Administración de la Generalitat, es cierto que:

a) Solo podrán acceder quienes pertenezcan a cualquiera de los cuerpos o escalas del Grupo A.
b) Es necesario tener una antigüedad en el Grupo A de al menos 10 años.
c) Es imprescindible ser personal funcionario de carrera de la Administración de la Generalitat.
d) Se requiere tener reconocido, al menos, un nivel competencial 24 y el grado de desarrollo profesional II.

10. No es cierto que, la relación de puestos de trabajo específica de la Dirección Pública Profesional:

a) Se incluirá en la misma relación con la totalidad de puestos de trabajo de naturaleza funcionarial, laboral y eventual.
b) Tendrá carácter público.
c) Será publicada en el Diari Oficial de la Generalitat Valenciana.
d) No es materia obligatoria de negociación colectiva.

11. Según el artículo 25 de la Ley 4/2021, el procedimiento de nombramiento del personal directivo público profesional atenderá a los principios de publicidad, mérito y capacidad, así como al de:

a) Transparencia.
b) Idoneidad.
c) Economía.
d) Participación.

12. Respecto a las condiciones de empleo del personal directivo público profesional de la Generalitat Valenciana, es cierto que:

a) Tendrá la consideración de alto cargo.
b) El cese en los puestos que integran la dirección pública profesional tendrá carácter discrecional, con derecho a indemnización.

c) Las retribuciones del personal que desempeñe puestos que integran la Dirección Pública Profesional tendrán una parte fija, en los mismos términos y condiciones que las previstas para el personal funcionario de carrera, y un complemento de actividad profesional.

d) La determinación de las condiciones de empleo del personal directivo público profesional será fijada por el Consell, no teniendo la consideración de materia obligatoria objeto de negociación colectiva.

13. Según el artículo 60.2 de la Ley 4/2021, en los procedimientos de selección de personal, todos los programas de materias deberán incluir contenidos sobre:

a) La protección de datos de carácter personal.
b) La prevención y erradicación de la violencia de género.
c) El principio de igualdad efectiva de mujeres y hombres en los diversos ámbitos de la función pública.
d) La transparencia de la actividad pública.

14. ¿Cuál es la edad mínima para poder participar en los procesos selectivos de acceso al empleo público de la Administración de la Generalitat Valenciana?

a) 14 años.
b) 16 años.
c) 17 años.
d) 18 años.

15. El artículo 64 de la Ley 4/2021, establece que, en todas las ofertas de empleo público se reservará un cupo de las vacantes para ser cubiertas entre personas con discapacidad o diversidad funcional, no inferior al:

a) 3% de las vacantes.
b) 5% de las vacantes.
c) 7% de las vacantes.
d) 10% de las vacantes.

En MADTEST tienes **más preguntas de este tema**, y todos tus avances quedan registrados y se reflejan en el ranking.

¡Supera tus límites con MADTEST!

Solución al test n.º 7

1. a) Austeridad.

2. b) Al personal funcionario o laboral empleado público gestionado por la conselleria competente en materia de sanidad.

3. c) De carrera e interinos.

4. d) El exceso o acumulación de tareas, de carácter excepcional y circunstancial, por un plazo máximo de nueve meses dentro de un período de dieciocho meses.

5. c) Urgencia.

6. d) Que impliquen la participación directa o indirecta en la salvaguardia de los intereses generales del Estado y de las Administraciones Públicas.

7. d) Cesará automáticamente cuando cese la autoridad a la que presta su función asesora o de confianza.

8. b) Está limitado por un máximo establecido por el Consell.

9. d) Se requiere tener reconocido, al menos, un nivel competencial 24 y el grado de desarrollo profesional II.

10. a) Se incluirá en la misma relación con la totalidad de puestos de trabajo de naturaleza funcionarial, laboral y eventual.

11. a) Transparencia.

12. d) La determinación de las condiciones de empleo del personal directivo público profesional será fijada por el Consell, no teniendo la consideración de materia obligatoria objeto de negociación colectiva.

13. c) El principio de igualdad efectiva de mujeres y hombres en los diversos ámbitos de la función pública.

14. b) 16 años.

15. d) 10% de las vacantes.

TEST N.º 8

El Decreto 42/2019, de 22 de marzo, del Consell, de regulación de las condiciones de trabajo del personal funcionario de la Administración de la Generalitat

1. A efectos del Decreto 42/2019, de 22 de marzo, del Consell, de regulación de las condiciones de trabajo del personal funcionario de la Administración de la Generalitat, la relación de dependencia que implica convivencia se define como:

a) Guarda legal o custodia.
b) Tener a su cargo.
c) Cuidado directo.
d) Relación de dependencia.

2. El horario de permanencia obligatoria del personal podrá flexibilizarse en dos horas diarias a solicitud de las personas interesadas en el caso de ser padre o madre de familia monoparental, hasta el día en que cumpla el o la menor de los hijos o hijas:

a) 12 años de edad.
b) 14 años de edad.
c) 15 años de edad.
d) 16 años de edad.

3. La duración de la jornada del personal que desempeñe puestos de trabajo considerados de especial dedicación será de:

a) Treinta y siete horas semanales.
b) Treinta y siete horas y treinta minutos semanales.
c) Treinta y cinco horas y treinta minutos semanales.
d) Treinta y cinco horas semanales.

4. La jornada laboral general del personal que desempeñe puestos de trabajo con componente de desempeño del complemento de puesto de trabajo inferior a los establecidos para el personal que desempeñe puestos de trabajo considerados de especial dedicación será de:

a) Treinta y siete horas semanales.
b) Treinta y siete horas y treinta minutos semanales.
c) Treinta y cinco horas y treinta minutos semanales.
d) Treinta y cinco horas semanales.

5. En todo caso, entre el final de una jornada y el comienzo de la siguiente mediarán, como mínimo:

a) Veinticuatro horas.
b) Dieciocho horas.
c) Quince horas.
d) Doce horas.

6. Señala la respuesta correcta:

a) El cómputo anual de la jornada se calculará descontando a las horas anuales equivalentes a 52 semanas y un día de trabajo 12 días de fiestas de ámbito superior.
b) El cómputo anual de la jornada se calculará descontando a las horas anuales equivalentes a 52 semanas y un día de trabajo 8 días por permiso por asuntos propios más los días compensatorios que puedan aprobarse, en su caso.
c) El cómputo anual de la jornada se calculará descontando a las horas anuales equivalentes a 52 semanas y un día de trabajo 3 días de fiestas locales.
d) El cómputo anual de la jornada se calculará descontando a las horas anuales equivalentes a 52 semanas y un día de trabajo 21 días hábiles de vacaciones.

7. Durante la semana de fiestas locales correspondiente a cada emplazamiento, el horario de servicio de información administrativa general y registro de documentos que regirá será de:

a) 08.00h a 14.00h, de lunes a viernes.
b) 09.00h a 15.00h, de lunes a viernes.
c) 09.00h a 14.00h, de lunes a viernes.
d) 09.30h a 14.30h, de lunes a viernes.

8. Se tendrá derecho a la reducción de jornada hasta la mitad de la misma, con disminución proporcional de retribuciones por razones de guarda legal, cuando el personal tenga a su cargo:

a) Algún niño o niña, persona que requiera especial dedicación, o persona con un grado de discapacidad física, psíquica o sensorial igual o superior al 33 % que no desempeñe actividad retribuida que supere el salario mínimo interprofesional.

b) Algún niño o niña de 12 años o menor, persona que requiera especial dedicación, o persona con un grado de discapacidad física, psíquica o sensorial igual o superior al 30 % que no desempeñe actividad retribuida que supere el salario mínimo interprofesional.

c) Algún niño o niña de 12 años o menor, persona mayor que requiera especial dedicación, o persona con un grado de discapacidad física, psíquica o sensorial igual o superior al 33 % que no desempeñe actividad retribuida que supere el salario mínimo interprofesional.

d) Algún niño o niña, persona mayor que requiera especial dedicación, o persona con un grado de discapacidad física, psíquica o sensorial igual o superior al 35 % que no desempeñe actividad retribuida que supere el salario mínimo interprofesional.

9. El personal que ocupe puestos de trabajo con componente de desempeño del complemento de puesto de trabajo que comporten una jornada de 35 horas semanales, podrá solicitar una jornada reducida, continua e ininterrumpida de las 9 a las 14 horas, o las equivalentes si el puesto desempeñado está sujeto a turnos, percibiendo:

a) Un 80 % del total de sus retribuciones.
b) Un 75 % del total de sus retribuciones.
c) Un 70 % del total de sus retribuciones.
d) Un 65 % del total de sus retribuciones.

10. Se podrá solicitar reducción de jornada de una hora diaria sin disminución de retribuciones en el caso de guarda legal de niñas o niños de 12 años o menores, cuando concurra alguno de los siguientes supuestos:

a) Que se trate de familia monoparental.
b) Que el menor requiera especial dedicación.
c) Que la niña o niño tenga 3 años o menos.
d) Todas las respuestas son correctas.

11. Cuando el personal se reincorpore al servicio efectivo tras la finalización de un tratamiento oncológico podrá solicitar:

a) Durante el plazo máximo de tres meses desde la fecha del alta médica, una reducción de hasta el 25 % de la jornada sin reducción de haberes.
b) Durante el plazo máximo de dos meses desde la fecha del alta médica, una reducción de hasta el 50 % de la jornada sin reducción de haberes.
c) Durante el plazo máximo de un mes desde la fecha del alta médica, una reducción de hasta el 30 % de la jornada sin reducción de haberes.
d) Durante el plazo máximo de un mes desde la fecha del alta médica, una reducción de hasta el 25 % de la jornada sin reducción de haberes.

12. Sin perJuicio de su acreditación por cualquiera de los medios admitidos en Derecho, con carácter general la condición de familia monoparental se acreditará mediante:

a) El libro o libros de familia.
b) El título correspondiente expedido por la Conselleria con competencias en la materia.

c) Certificación del Registro Civil.

d) Certificado de empadronamiento expedido por el ayuntamiento de residencia.

13. Respecto a las reducciones de jornada, el personal deberá informar al órgano competente en materia de personal que se reincorporará a su jornada ordinaria con una antelación a la misma de:

a) Un mes.

b) Veinte días.

c) Quince días.

d) Diez días.

14. El personal cuyo centro de trabajo radique en la ciudad de Valencia o en aquellos otros municipios de la provincia donde se celebren fiestas de fallas quedará exento de la asistencia al trabajo el día:

a) 19 de marzo.

b) 18 de marzo.

c) 15 de marzo.

d) 12 de marzo.

15. El horario de trabajo durante la semana de fiestas de cada municipio de la Comunidad Valenciana en que radique el puesto de trabajo será de:

a) 09.30 a 13.30 horas.

b) 09.30 a 14.00 horas.

c) 09.00 a 14.00 horas.

d) 09.00 a 13.30 horas.

En MADTEST tienes **más preguntas de este tema**, y todos tus avances quedan registrados y se reflejan en el ranking.

¡Supera tus límites con MADTEST!

Solución al test n.º 8

1. c) Cuidado directo.

2. c) 15 años de edad.

3. b) Treinta y siete horas y treinta minutos semanales.

4. d) Treinta y cinco horas semanales.

5. d) Doce horas.

6. a) El cómputo anual de la jornada se calculará descontando a las horas anuales equivalentes a 52 semanas y un día de trabajo 12 días de fiestas de ámbito superior.

7. c) 09.00h a 14.00h, de lunes a viernes.

8. c) Algún niño o niña de 12 años o menor, persona mayor que requiera especial dedicación, o persona con un grado de discapacidad física, psíquica o sensorial igual o superior al 33 % que no desempeñe actividad retribuida que supere el salario mínimo interprofesional.

9. b) Un 75 % del total de sus retribuciones.

10. d) Todas las respuestas son correctas.

11. d) Durante el plazo máximo de un mes desde la fecha del alta médica, una reducción de hasta el 25 % de la jornada sin reducción de haberes.

12. b) El título correspondiente expedido por la Consellería con competencias en la materia.

13. c) Quince días.

14. b) 18 de marzo.

15. c) 09.00 a 14.00 horas.

TEST N.º 9

La Ley 31/1995, de 8 de noviembre, de Prevención de Riesgos Laborales: Capítulo I: objeto, ámbito de aplicación y definiciones; Capítulo III: derechos y obligaciones

1. La Ley de Prevención de Riesgos laborales, tiene por objeto:

a) Prevenir los accidentes en general.
b) Evitar riesgos en el recorrido al puesto de trabajo.
c) Promover la seguridad y la salud de los trabajadores.
d) Que cada vez haya menos accidentes de tráfico.

2. ¿Qué se entiende por "riesgo laboral"?

a) La posibilidad de que un trabajador sufra un determinado daño derivado del trabajo.
b) La posibilidad de que un trabajador sufra una enfermedad en el trabajo.
c) La posibilidad de que un trabajador sufra acoso.
d) El riesgo que supone el ir a trabajar.

3. Indica cuál es la definición de prevención:

a) La probabilidad racional de que un riesgo se materialice de forma inminente.
b) El estudio de los procesos potencialmente peligrosos para el trabajo.
c) Conjunto de actividades o medidas adoptadas o previstas en todas las fases de actividad de la empresa con el fin de evitar o disminuir los riesgos derivados del trabajo.
d) Posibilidad de que un trabajador sufra un determinado daño derivado del trabajo.

4. Según establece el art. 4 de la Ley 31/1995, de 8 de noviembre, de Prevención de Riesgos Laborales, se define como daños derivados del trabajo.

a) La posibilidad de que un trabajador sufra un determinado daño derivado del trabajo.
b) El que resulte probable racionalmente que se materialice en un futuro inmediato y pueda suponer y pueda suponer un daño grave para la salud de los trabajadores.
c) Las enfermedades, patologías o lesiones sufridas con motivo u ocasión del trabajo.
d) Cualquier máquina, aparato, instrumento o instalación utilizada en el trabajo.

5. Se considera como "condición de trabajo"

a) Cualquier característica del trabajo que pueda tener una influencia significativa en la generación de riesgos para la seguridad y la salud del trabajador, quedando excluidas las características generales de los locales e instalaciones, existentes en el centro de trabajo.

b) La naturaleza de los agentes físicos, químicos y biológicos presentes en el ambiente de trabajo y sus correspondientes intensidades, concentraciones o niveles de presencia además de las instalaciones, incluidas las características organizativas del trabajo.

c) Todas aquellas características del trabajo, excluidas las relativas a su organización y ordenación, que influyan en la magnitud de los riesgos a que esté expuesto el trabajador.

d) Todas son correctas.

6. Señala la respuesta incorrecta:

a) La Ley de Prevención de Riesgos Laborales se aplica a los operativos de protección civil en casos de catástrofe.

b) La Ley de Prevención de Riesgos Laborales se aplica a las sociedades cooperativas.

c) En el ámbito de la relación laboral de carácter especial del servicio del hogar familiar, las personas trabajadoras tienen derecho a una protección eficaz en materia de seguridad y salud en el trabajo.

d) En los establecimientos penitenciarios, se adaptarán a la Ley de Prevención de Riesgos Laborales aquellas actividades cuyas características justifiquen una regulación especial.

7. ¿Qué artículo de la Constitución Española indica que los poderes públicos deben velar por la seguridad e higiene en el trabajo?

a) Artículo 28.
b) Artículo 35.
c) Artículo 40.
d) Artículo 43.

8. Para calificar un riesgo desde el punto de vista de su gravedad, se valorarán conjuntamente la severidad del daño y:

a) La probabilidad de que se produzca.
b) La cantidad de trabajadores de la empresa.
c) La existencia o no de equipos individuales de protección.
d) Las condiciones de trabajo.

9. ¿Quién debe garantizar a los trabajadores la vigilancia periódica de su estado de salud en función de los riesgos inherentes al trabajo?

a) La Inspección de Trabajo.
b) El propio trabajador.

c) El empresario.
d) Las secciones sindicales.

10. El derecho básico reconocido a los trabajadores por la Ley 31/1995, de 8 de noviembre, es:

a) La vigilancia de su estado de salud.
b) Una protección eficaz en materia de seguridad y salud en el trabajo.
c) La formación en materia preventiva.
d) La información, consulta y participación.

11. Entre los principios de la acción preventiva recogidos por el artículo 15 de la Ley de Prevención de Riesgos Laborales, no figura:

a) Evitar los riesgos.
b) Evaluar los riesgos que se puedan evitar.
c) Tener en cuenta la evolución de la técnica.
d) Dar las debidas instrucciones a los trabajadores.

12. ¿Cuál de los siguientes principios generales de la acción preventiva a aplicar en el trabajo, contenidos en la Ley de Prevención de Riesgos Laborales, es incorrecto?

a) Evaluar los riesgos que no se pueden evitar.
b) Priorizar medidas individuales a las colectivas.
c) Combatir los riesgos en su origen.
d) Tener en cuenta la evolución de la técnica.

13. En el marco de sus responsabilidades, el empresario realizará la prevención de los riesgos laborales mediante la integración en la empresa de:

a) Los equipos de protección individual.
b) Los Servicios de Prevención propios.
c) La actividad preventiva.
d) La normativa comunitaria.

14. Podrán realizar el plan de prevención de riesgos laborales, la evaluación de riesgos y la planificación de la actividad preventiva de forma simplificada, en atención a la naturaleza y peligrosidad de las actividades realizadas, empresas cuyo número de trabajadores no exceda de:

a) 30.
b) 50.
c) 80.
d) 100

15. En relación a la vigilancia de la salud que ha de garantizar el empresario, el acceso a la información médica de carácter personal:

a) Se limitará al empresario y a los Servicios de Prevención propios.

b) Se limitará al Jefe inmediato del trabajador.

c) Sólo será accesible al propio trabajador.

d) Se limitará al personal médico y a las autoridades sanitarias que lleven a cabo la vigilancia.

En MADTEST tienes **más preguntas de este tema**, y todos tus avances quedan registrados y se reflejan en el ranking.

¡Supera tus límites con MADTEST!

Solución al test n.º 9

1. c) Promover la seguridad y la salud de los trabajadores.

2. a) La posibilidad de que un trabajador sufra un determinado daño derivado del trabajo.

3. c) Conjunto de actividades o medidas adoptadas o previstas en todas las fases de actividad de la empresa con el fin de evitar o disminuir los riesgos derivados del trabajo.

4. c) Las enfermedades, patologías o lesiones sufridas con motivo u ocasión del trabajo.

5. b) La naturaleza de los agentes físicos, químicos y biológicos presentes en el ambiente de trabajo y sus correspondientes intensidades, concentraciones o niveles de presencia además de las instalaciones, incluidas las características organizativas del trabajo.

6. a) La Ley de Prevención de Riesgos Laborales se aplica a los operativos de protección civil en casos de catástrofe.

7. c) Artículo 40.

8. a) La probabilidad de que se produzca.

9. c) El empresario.

10. b) Una protección eficaz en materia de seguridad y salud en el trabajo.

11. b) Evaluar los riesgos que se puedan evitar.

12. b) Priorizar medidas individuales a las colectivas.

13. c) La actividad preventiva.

14. b) 50.

15. d) Se limitará al personal médico y a las autoridades sanitarias que lleven a cabo la vigilancia.

E. Materias Transversales

TEST N.º 10

La Ley orgánica 3/2007, de 22 de marzo, para la igualdad efectiva de mujeres y hombres: Título Preliminar, Objeto y ámbito de la Ley; Título I, El principio de igualdad y la tutela contra la discriminación. La Ley 9/2003, de 2 de abril, de la Generalitat, para la igualdad de mujeres y hombres. Ley 4/2023, de 28 de febrero, para la igualdad real y efectiva de las personas trans y para la garantía de los derechos de las personas LGTBI: Deber de protección; Medidas en el ámbito administrativo. La Ley orgánica 1/2004, de 28 de diciembre, de medidas de protección integral contra la violencia de género: Título Preliminar

1. ¿Qué artículo de la Constitución proclama que los españoles son iguales ante la ley, sin que pueda prevalecer discriminación alguna por razón de nacimiento, raza, sexo, religión, opinión o cualquier otra condición o circunstancia personal o social?

a) Artículo 9.
b) Artículo 11.
c) Artículo 14.
d) Artículo 18.

2. De acuerdo con el Título Preliminar de la Ley Orgánica 1/2004, las medidas de protección integral previstas en la ley tienen como finalidad:

a) Garantizar la reparación civil de las víctimas.
b) Coordinar la actuación de los servicios sociales y sanitarios.
c) Desarrollar políticas públicas de igualdad entre mujeres y hombres.
d) Prevenir, sancionar y erradicar la violencia de género y prestar asistencia a sus víctimas.

3. Según el artículo 9.2: de la Constitución, "corresponde a los poderes públicos …………… las condiciones para que la libertad y la igualdad del individuo y de los grupos en que se integra sean reales y efectivas; …………….. los obstáculos que impidan o dificulten su plenitud y ………………… la participación de todos los ciudadanos en la vida política, económica, cultural y social.". ¿Qué tres verbos faltan en la anterior frase?

a) Promover, remover y facilitar.
b) Impulsar, superar y posibilitar.
c) Crear, eliminar y alentar.
d) Facilitar, disminuir y promover.

4. La ley que regula a nivel estatal la igualdad efectiva de mujeres y hombres, es:

a) La Ley 3/2007, de 12 de marzo.
b) La Ley Orgánica 22/2007, de 3 de abril.
c) La Ley Orgánica 3/2007, de 22 de marzo.
d) El Decreto Legislativo 7/2003, de 23 de mayo.

5. El objeto y el ámbito de aplicación de la Ley estatal para la Igualdad efectiva entre Mujeres y Hombres vienen recogidos en su:

a) Disposición Final Primera.
b) Disposición Adicional Primera.
c) Título Primero.
d) Título Preliminar.

6. Según su artículo 1, la LO 3/2007 tiene por objeto hacer efectivo el derecho de:

a) Conciliación de la vida laboral y familiar de mujeres y hombres.
b) Igualdad de trato y de oportunidades entre mujeres y hombres.
c) Participación en los asuntos públicos en igualdad de condiciones.
d) No discriminación por razón de sexo.

7. Las obligaciones establecidas en la LO 3/2007 son de aplicación a:

a) A toda persona, física o jurídica, que se encuentre o actúe en territorio español, cualquiera que fuese su nacionalidad, domicilio o residencia.
b) A todos los ciudadanos españoles, ya sea en territorio español o territorio de cualquier país extranjero.
c) A toda persona, física o jurídica, que se encuentre o actúe en territorio español, con nacionalidad española.
d) A toda persona, física o jurídica, que resida en territorio español, cualquiera que fuese su nacionalidad.

8. La LO 3/2007 entró en vigor el 24 de marzo de 2007, con una excepción que entró en vigor el 31 de diciembre de 2008:

a) Lo previsto en el artículo 19 sobre la obligatoriedad de los proyectos de disposiciones de carácter general de incorporar un informe sobre su impacto por razón de género.

b) Lo previsto en el artículo 44.3, referente al reconocimiento a los padres del derecho a un permiso y una prestación por paternidad.

c) Lo previsto en el artículo 49, sobre la implantación de planes de igualdad en las pequeñas y medianas empresas.

d) Lo previsto en el artículo 71.2, referente a costes relacionados con el embarazo y el parto en contratos de seguros o servicios financieros.

9.¿Cuál de las siguientes opciones NO aparece en el artículo 3 de la LO 3/2007 como causa especialmente protegida?

a) La maternidad.

b) La tendencia sexual.

c) La asunción de obligaciones familiares.

d) El estado civil.

10. Según el artículo 4 de la LO 3/2007, la igualdad de trato y de oportunidades entre mujeres y hombres:

a) Es un deber de las Administraciones Públicas.

b) Es una fuente formal del Derecho.

c) Es un principio informador del ordenamiento jurídico.

d) Es un objetivo fundamental del procedimiento administrativo.

11. El principio de igualdad de trato y de oportunidades entre mujeres y hombres:

a) Solo se aplica en el ámbito del empleo público.

b) Se garantizará incluso en el acceso al trabajo por cuenta propia.

c) No se aplica en la afiliación y participación en organizaciones sindicales o empresariales.

d) Se garantizará en los términos que prevean los convenios colectivos.

12. La situación en que se encuentra una persona que sea, haya sido o pudiera ser tratada, en atención a su sexo, de manera menos favorable que otra en situación comparable se considera:

a) Discriminación directa.

b) Acoso sexual.

c) Discriminación indirecta.

d) Violencia de género.

13. Una diferencia de trato basada en una característica relacionada con el sexo, ¿constituye discriminación en el acceso al empleo?

a) Sí, en todo caso.

b) No, siempre que la formación necesaria se base en dicha característica.

c) No, siempre que dicha característica constituya un requisito profesional esencial y determinante.

d) No, si debido a la naturaleza de las actividades profesionales concretas o al contexto en el que se lleven a cabo, dicha característica constituye un requisito profesional esencial y determinante, siempre y cuando el objetivo sea legítimo y el requisito proporcionado.

14. En virtud del artículo 6.2 de la LO 3/2007, la situación en que una disposición, criterio o práctica aparentemente neutros pone a personas de un sexo en desventaja particular con respecto a personas del otro:

a) En cualquier caso constituirá discriminación directa.

b) En cualquier caso constituirá discriminación indirecta.

c) No se considera discriminación indirecta si dicha disposición, criterio o práctica pueden justificarse objetivamente en atención a una finalidad legítima y los medios para alcanzar dicha finalidad son necesarios y adecuados.

d) En ningún caso podrá considerarse discriminación.

15. Conforme al artículo 6.3 de la LO 3/2007, toda orden de discriminar por razón de sexo:

a) Solo se considera discriminatoria si se ordena discriminar directamente.

b) En ningún caso se puede considerar discriminatoria.

c) Solo se considera discriminatoria si ordena una discriminación indirecta.

d) En cualquier caso se considera discriminatoria, sea directa o indirecta.

En MADTEST tienes **más preguntas de este tema**, y todos tus avances quedan registrados y se reflejan en el ranking.

¡Supera tus límites con MADTEST!

Solución al test n.º 10

1. c) Artículo 14.

2. d) Prevenir, sancionar y erradicar la violencia de género y prestar asistencia a sus víctimas.

3. a) Promover, remover y facilitar.

4. c) La Ley Orgánica 3/2007, de 22 de marzo.

5. d) Título Preliminar.

6. b) Igualdad de trato y de oportunidades entre mujeres y hombres.

7. a) A toda persona, física o jurídica, que se encuentre o actúe en territorio español, cualquiera que fuese su nacionalidad, domicilio o residencia.

8. d) Lo previsto en el artículo 71.2, referente a costes relacionados con el embarazo y el parto en contratos de seguros o servicios financieros.

9. b) La tendencia sexual.

10. c) Es un principio informador del ordenamiento jurídico.

11. b) Se garantizará incluso en el acceso al trabajo por cuenta propia.

12. a) Discriminación directa.

13. d) No, si debido a la naturaleza de las actividades profesionales concretas o al contexto en el que se lleven a cabo, dicha característica constituye un requisito profesional esencial y determinante, siempre y cuando el objetivo sea legítimo y el requisito proporcionado.

14. c) No se considera discriminación indirecta si dicha disposición, criterio o práctica pueden justificarse objetivamente en atención a una finalidad legítima y los medios para alcanzar dicha finalidad son necesarios y adecuados.

15. d) En cualquier caso se considera discriminatoria, sea directa o indirecta.

PARTE ESPECIAL

Bloque I: AICP

TEST N.º 1

El modelo de Atención integral y centrada en la persona (AICP): Bases y fundamentos de la AICP. Historia de vida: Contenido y técnicas de elaboración. Reconocimiento de nuevos roles y cometido del profesional de referencia. Unidades de convivencia para las personas que necesitan ayuda: Definición y características

1. ¿Cuál de los siguientes principios NO forma parte del enfoque AICP?

a) Evaluación centrada en la persona
b) Respeto a la autodeterminación
c) Protocolización estandarizada de rutinas
d) Atención biopsicosocial

2. ¿Qué psicólogo inspiró los principios humanistas que sustentan el modelo AICP?

a) B. F. Skinner
b) Carl Rogers
c) Albert Bandura
d) Sigmund Freud

3. ¿Qué función se considera esencial en el rol del auxiliar de enfermería dentro del AICP?

a) Controlar la medicación y ajustar tratamientos
b) Observar cambios en la persona y promover su autonomía
c) Coordinar el equipo interdisciplinar
d) Diseñar el plan terapéutico completo

4. ¿Cuál de los siguientes elementos caracteriza a las unidades de convivencia según el modelo AICP?

a) Un entorno institucional jerarquizado
b) Protocolos asistenciales estrictos

c) Espacios personalizados y participación en la vida diaria
d) Atención basada exclusivamente en la enfermedad

5. ¿Qué técnica es clave para elaborar la historia de vida en el modelo AICP?

a) Test proyectivos
b) Observación disimulada
c) Entrevista biográfica
d) Evaluación fisiológica

6. ¿Cuál es una característica esencial del profesional de referencia en el AICP?

a) Su papel técnico es más importante que el humano
b) Es un profesional externo que evalúa los planes
c) Mantiene una relación estable y cercana con la persona usuaria
d) Su función se limita a aplicar cuidados médicos complejos

7. ¿Qué debe garantizarse antes de comenzar la planificación esencial del estilo de vida?

a) Que haya personal disponible en el centro
b) Que existan suficientes recursos tecnológicos
c) Que exista un compromiso real para aplicarla
d) Que el usuario tenga autonomía total

8. ¿Qué elemento NO debe faltar en el diseño del plan inicial dentro del AICP?

a) Preferencias personales y rutinas
b) Opiniones técnicas externas sin contraste
c) Personas significativas en el círculo de relaciones
d) Aspectos importantes para la persona

9. ¿Qué distingue a la atención relacional en el modelo AICP?

a) Protocolos que mejoran la eficacia clínica
b) Jerarquía profesional para decisiones rápidas
c) Vínculo emocional y escucha activa
d) Diagnóstico rápido y administración de medicación

10. ¿Qué se debe priorizar al recoger información para la historia de vida en el AICP?

a) El historial clínico detallado de la persona
b) La opinión profesional sobre su comportamiento
c) Lo que la persona considera importante en su vida
d) Las estadísticas sobre usuarios similares

11. ¿Qué representa el "círculo de relaciones" en el proceso de planificación?

a) Una herramienta para evaluar habilidades sociales
b) Un modelo para aplicar tratamientos en grupo
c) Un diagrama que identifica vínculos afectivos de la persona
d) Un método para distribuir responsabilidades del personal

12. ¿Cuál es un objetivo de los entornos amigables en el AICP?

a) Reforzar el control del personal sobre el usuario
b) Aumentar la eficiencia mediante vigilancia continua
c) Favorecer la sensación de hogar y seguridad
d) Facilitar la monitorización tecnológica intensiva

13. ¿Qué tipo de reunión se realiza antes de aplicar el plan de acción?

a) Evaluación psicológica externa
b) Reunión de puesta en marcha con el equipo de atención
c) Comité clínico de alta especialidad
d) Asamblea de residentes institucional

14. ¿Cuál es una ventaja directa del modelo de unidades de convivencia para los profesionales?

a) Disminuye la carga emocional del trabajo
b) Permite atención más técnica y distante
c) Facilita un vínculo significativo con los usuarios
d) Requiere menos comunicación en equipo

15. ¿Qué afirmación refleja mejor la planificación centrada en la persona?

a) Se basa en normas institucionales y rutinas fijas
b) Considera los gustos y valores personales como guía del plan
c) Excluye la participación del entorno familiar
d) Prioriza la rentabilidad frente a la personalización

En MADTEST tienes **más preguntas de este tema**, y todos tus avances quedan registrados y se reflejan en el ranking.

¡Supera tus límites con MADTEST!

Solución al test n.º 1

1. c) Protocolización estandarizada de rutinas

2. b) Carl Rogers

3. b) Observar cambios en la persona y promover su autonomía

4. c) Espacios personalizados y participación en la vida diaria

5. c) Entrevista biográfica

6. c) Mantiene una relación estable y cercana con la persona usuaria

7. c) Que exista un compromiso real para aplicarla

8. b) Opiniones técnicas externas sin contraste

9. c) Vínculo emocional y escucha activa

10. c) Lo que la persona considera importante en su vida

11. c) Un diagrama que identifica vínculos afectivos de la persona

12. c) Favorecer la sensación de hogar y seguridad

13. b) Reunión de puesta en marcha con el equipo de atención

14. c) Facilita un vínculo significativo con los usuarios

15. b) Considera los gustos y valores personales como guía del plan

TEST N.º 2

**El personal profesional de auxiliar de enfermería.
Papel del Auxiliar de Enfermería. Funciones, procedimientos y
tareas. El Plan de Atención Individual (PAI). La relación con la
persona usuaria. Secreto profesional: Concepto y regulación jurídica**

1. ¿Qué autora de estas realiza el modelo teórico de Enfermería del Autocuidado?

a) Dorothea E. Orem.
b) Virginia Henderson.
c) Florence Nightingale.
d) Laura Travelbee.

2. ¿En qué se basa el modelo de Enfermería de Virginia Henderson?

a) En la interacción de las personas mediante la comunicación.
b) En las necesidades básicas humanas.
c) En la capacidad de autocuidados del individuo.
d) En la suplencia como ayuda.

3. ¿Quién es la figura más representativa en Enfermería del modelo de suplencia o ayuda?

a) Virginia Henderson.
b) Callista Roy.
c) Nancy Roper.
d) Florence Nightingale.

4. Según el modelo de autocuidado de Dorothea E. Orem, ¿cómo se denominan los factores que limitan o dificultan la capacidad de autocuidado de la persona?

a) Factores condicionantes básicos.
b) Interferencias.
c) Déficit de autocuidado.
d) Bloqueos inducidos.

5. ¿En qué áreas ha sido particularmente influyente la "Teoría del Confort" de Katharine Kolcaba?

a) Educación en enfermería.
b) Cuidado paliativo.
c) Gestión hospitalaria.
d) Ética médica.

6. ¿En qué se enfoca Cynda Hylton Rushton en su trabajo sobre ética de la enfermería?

a) Dilemas éticos y cuidado en situaciones de alto estrés.
b) Técnicas de intervención rápida.
c) Administración de recursos humanos.
d) Desarrollo de políticas de salud.

7. ¿Qué adjetivo no es correcto del proceso de atención de Enfermería?

a) Lógico y ordenado.
b) Estático.
c) Sistemático.
d) Flexible.

8. ¿Qué dato de los recogidos durante el proceso de atención de enfermería no es objetivo?

a) Diuresis.
b) Respiración/minuto.
c) Agotamiento personal.
d) Dismetría medible corporal.

9. ¿Qué afirmación no es correcta sobre las características del diagnóstico enfermero?

a) Proporciona un marco de referencia común que facilita la comunicación entre profesionales.
b) Aborda la salud de las personas desde un enfoque integral.
c) No se basa en datos empíricos ni en información verificable.
d) Es un proceso dinámico, flexible y abierto en el tiempo.

10. ¿En qué tipo de diagnóstico enfermero se debe actuar de forma preventiva para evitar la aparición de un problema, eliminando factores de riesgo?

a) Diagnóstico de bienestar.
b) Diagnóstico de riesgo.
c) Diagnóstico real.
d) Diagnóstico de síndrome.

11. ¿Qué formato debe seguir (según la NANDA) el procedimiento de elaboración de un diagnóstico de enfermería?

a) El formato RAS.
b) El formato DIR.
c) El formato PES.
d) El formato ARD.

12. ¿Cuál es el orden lógico de las etapas del proceso de atención de enfermería?

a) Valoración, planificación, diagnóstico, ejecución y evaluación.
b) Valoración, ejecución, evaluación, diagnóstico y planificación.
c) Valoración, diagnóstico, planificación, ejecución y evaluación.
d) Ejecución, diagnóstico, planificación, evaluación y valoración.

13. En el proceso de valoración enfermera, ¿cuál es la fuente principal de información cuando es posible obtenerla directamente?

a) La familia.
b) El propio paciente.
c) Otros profesionales sanitarios.
d) Registros clínicos.

14. ¿Cuál es el pico o vértice de la pirámide de Maslow en la estructura jerárquica de necesidades?

a) Necesidad de autorrealización.
b) Necesidad de estima.
c) Necesidad de seguridad.
d) Necesidad de integración.

15. ¿Cuántos Dominios totales constituye el primer nivel de la taxonomía II NANDA?

a) 3.
b) 8.
c) 13.
d) 25.

En MADTEST tienes **más preguntas de este tema**, y todos tus avances quedan registrados y se reflejan en el ranking.

¡Supera tus límites con MADTEST!

Solución al test n.º 2

1. a) Dorothea E. Orem.

2. b) En las necesidades básicas humanas.

3. a) Virginia Henderson.

4. c) Déficit de autocuidado.

5. b) Cuidado paliativo.

6. a) Dilemas éticos y cuidado en situaciones de alto estrés.

7. b) Estático.

8. c) Agotamiento personal.

9. c) No se basa en datos empíricos ni en información verificable.

10. b) Diagnóstico de riesgo.

11. c) El formato PES.

12. c) Valoración, diagnóstico, planificación, ejecución y evaluación.

13. b) El propio paciente.

14. a) Necesidad de autorrealización.

15. c) 13.

TEST N.º 3

Comunicación: Concepto y tipos de comunicación. Habilidades para le comunicación. La empatía y la escucha activa. Trabajo en equipo: Concepto de equipo, equipo multidisciplinar, el proceso de integración, consenso, motivación-incentivación y aprendizaje. Comunicación entre el personal sociosanitario y las personas usuarias

1. Al individuo que habla, gesticula, escribe, pinta, etc., en la comunicación, se le denomina:

a) Mensajero.
b) Fuente.
c) Receptor.
d) Destino.

2. ¿Cómo se denomina la comunicación en la que el emisor transmite un mensaje al receptor con el objetivo de que este ejecute una tarea o función?

a) Comunicación horizontal.
b) Comunicación diagonal.
c) Comunicación vertical.
d) Comunicación triangular.

3. ¿Cómo se denomina el proceso mediante el cual una persona transmite a otra ideas o información de forma comprensible?

a) Comunicación.
b) Transmisión.
c) Explicación o charla.
d) Transferencia.

4. ¿Qué barrera del lenguaje se da por discapacidad física?

a) Neurosis.
b) Alteraciones de la memoria.
c) Ceguera.
d) Psicosis.

5. ¿Cuál es el objetivo en la relación interpersonal celador/paciente/familiar?

a) La salud.
b) La eficiencia profesional.
c) La ayuda.
d) La eficacia profesional.

6. ¿Qué término se aplica cuando en una relación interpersonal no se consigue lo que se esperaba?

a) Enojo.
b) Frustración.
c) Agresividad.
d) Deserción.

7. ¿En qué pilares ha de basarse la relación interpersonal?

a) Compromiso, objetivo común y desinterés.
b) Sinceridad, confianza y respeto.
c) Cooperación, dominación y aislamiento.
d) Confianza, creatividad, compromisos renovados y respeto mutuo.

8. ¿Cómo se denomina aquella habilidad personal que nos permite expresar sentimientos, opiniones y pensamientos, en el momento oportuno, de la forma adecuada, sin negar ni desconsiderar los derechos de los demás?

a) Compromiso.
b) Empatía.
c) Simpatía.
d) Asertividad.

9. El funcionamiento eficaz de un equipo de trabajo debe reunir todas estas características excepto:

a) Determinación clara del objetivo.
b) Conocimiento del objetivo por todos los miembros.

c) Participación en la toma de decisiones.
d) Ejecución del objetivo exclusivamente a través del líder.

10. ¿Qué es falso de estas afirmaciones?

a) Un grupo de personas es siempre un equipo de trabajo.
b) Un equipo de trabajo está formado siempre por un grupo de personas.
c) Un equipo es un grupo de personas que se organiza para realizar una actividad con un objetivo preciso.
d) Grupo y equipo son dos conceptos diferentes.

11. ¿Qué se define como la integración de elementos que da como resultado algo más grande que la simple suma de estos?

a) Antagonismo.
b) Coordinación.
c) Indiferencia.
d) Sinergia.

12. El compromiso en un trabajo en equipo es:

a) Cuando cada miembro asume voluntariamente el hecho de aportar lo mejor de sí mismo, para conseguir los objetivos del grupo y de la organización en general.
b) La necesidad de poder coordinar las distintas actuaciones individuales.
c) La interdependencia positiva entre las personas participantes en un equipo.
d) Todo lo anterior es falso.

13. ¿Cuál es el número recomendado de miembros en un equipo de trabajo eficaz en el ámbito sanitario?

a) Entre 5 y 9.
b) Entre 8 y 12.
c) Más de 15.
d) Más de 20.

14. ¿En qué fase del desarrollo de un equipo se superan los conflictos iniciales y comienza la cohesión del grupo?

a) Formación (forming).
b) Conflicto (storming).
c) Normalización (norming).
d) Desempeño (performing).

15. ¿Cuál de los siguientes roles es un rol funcional de producción en un equipo de trabajo?

a) El crítico.
b) El iniciador.
c) El pícaro.
d) El negativo.

Solución al test n.º 3

1. b) Fuente.

2. c) Comunicación vertical.

3. a) Comunicación.

4. c) Ceguera.

5. c) La ayuda.

6. b) Frustración.

7. b) Sinceridad, confianza y respeto.

8. d) Asertividad.

9. d) Ejecución del objetivo exclusivamente a través del líder.

10. a) Un grupo de personas es siempre un equipo de trabajo.

11. d) Sinergia.

12. a) Cuando cada miembro asume voluntariamente el hecho de aportar lo mejor de sí mismo, para conseguir los objetivos del grupo y de la organización en general.

13. a) Entre 5 y 9.

14. c) En la etapa de acoplamiento.

15. b) El iniciador.

TEST N.º 4

Derecho al buen trato: hacia la cultura del buen trato. Principios fundamentales de la Bioética: Dilemas éticos. Dignidad de la persona usuaria y respeto a la intimidad y privacidad de las personas atendidas. Prevención, detección e intervención ante el maltrato a las personas mayores. Prevención del edadismo: definición, efectos del edadismo en el bienestar, el lenguaje en el edadismo y estrategias de prevención

1. ¿A qué se refiere cualquier circunstancia, dicho o hecho que perjudica a una persona en sus intereses, derechos o reputación respecto a terceros?

a) Difamación.
b) Calumnia.
c) Asalto.
d) Agravio.

2. ¿Cuál de estos no es un componente básico de los 8 que cita Mayeroff a desarrollar para disponer de la capacidad de cuidar?

a) Confianza.
b) Prudencia.
c) Paciencia.
d) Honestidad y humildad.

3. ¿Cuál sería, entre los pasos a seguir para la toma de decisiones éticas, el último a efectuar en la práctica clínica?

a) Principios.
b) Resolución del problema.
c) Descripción de problemas.
d) Decisiones a tomar.

4. ¿A qué nos referimos con un conjunto sistemático de principios que motivan y guían las acciones éticas?

a) A un modelo para la toma ética de decisiones.
b) Al propio juicio de cada sujeto, sea este profesional o no.
c) A un paradigma moral.
d) A un axioma ético.

5. ¿Qué tipo de ética se centra en los deberes, valores y funciones propias de una profesión?

a) Ética personal.
b) Ética social.
c) Ética profesional.
d) Ética institucional.

6. ¿Qué profesionales sanitarios, dentro del equipo asistencial, son los que mantienen frecuentemente una relación más estrecha y continuada con el enfermo?

a) Enfermeros y TCAEs.
b) Médicos de Atención Primaria.
c) Técnicos Superiores Sanitarios.
d) Médicos de Atención Especializada.

7. ¿Qué forma de relación terapéutica del personal de enfermería es aquella en la que se desenvuelve situándose este en el papel del enfermo, para, desde esa situación, poder establecer una distancia y aportar salud en la medida de lo posible?

a) Relación abierta.
b) Relación simpática.
c) Relación cerrada.
d) Relación empática.

8. De estos, ¿qué código o principio rigen la experimentación con seres humanos?

a) Código da Vinci.
b) Código de Estocolmo.
c) Declaración Humana de Berna.
d) Código de Nuremberg.

9. ¿Cómo se garantiza principalmente el respeto a la persona en la investigación clínica?

a) Mediante la búsqueda del bien.
b) Mediante la confidencialidad.

c) Mediante el consentimiento informado.
d) Mediante protocolos institucionales.

10. ¿Cómo se denomina un acto que no se rige por criterios morales (ni buenos ni malos)?

a) Acto incívico.
b) Acto inmoral.
c) Acto amoral.
d) Acto ilícito.

11. ¿Sobre qué principios se apoya toda la asistencia sanitaria?

a) Principios de beneficencia y autonomía.
b) Principios de beneficencia y justicia.
c) Principios de autonomía, beneficencia y justicia.
d) Principios de autonomía, beneficencia, no maleficencia y justicia.

12. ¿Qué modelo de relación clínica es aquella que se basa en que el médico, a partir de sus conocimientos, es el que va a dirigir todo el proceso?

a) Modelo estándar.
b) Modelo paternalista.
c) Modelo informativo.
d) Modelo interpretativo.

13. ¿A qué modelo de relación clínica nos referimos si se basa en que el médico ayuda al paciente a elegir, entre todos los valores relacionados con su salud y que puedan desarrollarse en el acto clínico, aquellos que se consideren los mejores?

a) Deliberativo.
b) Paternalista.
c) Informativo.
d) Interpretativo.

14. Todo lo que se expone respecto al derecho a la maternidad es cierto, excepto:

a) No discriminación en el acceso a prestaciones.
b) Derecho a la maternidad libremente decidida.
c) El Estado no garantiza la igualdad en el acceso a prestaciones del SNS.
d) Los poderes públicos garantizan las prestaciones en salud sexual y reproductiva.

15. ¿Cuál de los siguientes NO es un requisito legal para la interrupción voluntaria del embarazo en España?

a) Que se realice por una matrona bajo la dirección de un médico de familia.

b) Que se practique por un médico especialista o bajo su dirección.

c) Consentimiento expreso y por escrito.

d) Realización en centro acreditado.

En MADTEST tienes **más preguntas de este tema**, y todos tus avances quedan registrados y se reflejan en el ranking.

¡Supera tus límites con MADTEST!

Solución al test n.º 4

1. d) Agravio.

2. b) Prudencia.

3. d) Decisión e implementación.

4. c) Paradigma moral.

5. c) Ética profesional.

6. a) Enfermeros y TCAEs.

7. d) Relación empática.

8. d) Código de Nuremberg.

9. c) Mediante el consentimiento informado.

10. c) Acto amoral.

11. d) Principios de autonomía, beneficencia, no maleficencia y justicia.

12. b) Modelo paternalista.

13. a) Deliberativo.

14. c) El Estado no garantiza la igualdad en el acceso a prestaciones del SNS.

15. a) Que se realice por una matrona bajo la dirección de un médico de familia.

TEST N.º 5

El auxiliar de enfermería en el proceso de atención a personas con deterioro cognitivo o demencia: la autonomía como capacidad y como derecho. Técnicas de comunicación con personas con demencia, técnicas de observación para interpretar conductas. Actividades cotidianas terapéuticas y significativas. Atención no farmacológica y afrontamiento de conductas problemáticas. Colaboración de la familia y/o del grupo de apoyo o consenso

1. ¿Cuál de las siguientes NO es una característica típica del primer grado de la enfermedad de Alzheimer?

a) Fallos en tareas complejas.
b) Reconocimiento del propio deterioro.
c) Hiperetamorfosis.
d) Negativismo y miedo.

2. ¿Qué se entiende por apraxia en el contexto del Alzheimer?

a) Dificultad para reconocer objetos.
b) Incapacidad de ejecutar movimientos voluntarios a pesar de tener fuerza.
c) Pérdida del sentido del gusto.
d) Desconexión emocional con el entorno.

3. ¿Cuál de los siguientes síntomas cognitivos aparece en el segundo grado del Alzheimer?

a) Conservación de memoria remota.
b) Desorientación temporal y espacial progresiva.
c) Orientación espacial intacta.
d) Juicio crítico conservado.

4. ¿Cuál de las siguientes alteraciones se presenta habitualmente en la fase final del Alzheimer?

a) Reconocimiento facial parcial.

b) Emisión de lenguaje muy limitado o ausencia de lenguaje.

c) Estado vegetativo completo.

d) Memoria autobiográfica preservada.

5. ¿Qué intervención es adecuada para un paciente con trastorno de la comunicación verbal?

a) Formular preguntas abiertas.

b) Usar frases largas con explicaciones.

c) Usar preguntas cerradas y repetición de frases.

d) Permitir que el paciente exprese todo sin guía.

6. ¿Cuál es la actitud más adecuada cuando un paciente con Alzheimer confunde la realidad?

a) Corregirlo con firmeza.

b) Validar sus emociones y reconducir suavemente.

c) Ignorar lo que dice.

d) Reírse para aliviar la tensión.

7. ¿Qué tipo de memoria suele conservarse por más tiempo en las personas con Alzheimer?

a) Memoria emocional y afectiva.

b) Memoria reciente.

c) Memoria episódica reciente.

d) Memoria de trabajo.

8. ¿Qué intervención ambiental es recomendable para personas desorientadas?

a) Cambiar la decoración con frecuencia.

b) Colocar relojes grandes, calendarios y carteles identificativos.

c) Evitar rutinas estrictas.

d) Mantener puertas abiertas constantemente.

9. ¿Qué manifestación conductual es común en el segundo grado de Alzheimer?

a) Capacidad de introspección.

b) Trastornos del sueño y deambulación nocturna.

c) Cálculo mental conservado.
d) Comprensión literal del lenguaje.

10. ¿Qué se debe evitar al hablar con un paciente con deterioro cognitivo severo?

a) Usar contacto visual.
b) Utilizar lenguaje técnico o abstracto.
c) Hacer pausas al hablar.
d) Llamarlo por su nombre.

11. ¿Qué característica define la fase inicial del Parkinson?

a) Pérdida total de equilibrio.
b) Temblor en reposo, rigidez y bradicinesia leve.
c) Inmovilidad total.
d) Disartria severa.

12. ¿Cuál es una complicación frecuente en fases avanzadas del Parkinson?

a) Disfagia.
b) Hipersalivación.
c) Hipersomnia.
d) Tinnitus.

13. ¿Qué actitud debe evitar el auxiliar de enfermería al asistir a un paciente con demencia?

a) Ser paciente.
b) Contradecir constantemente lo que dice.
c) Establecer rutinas claras.
d) Facilitar la comunicación no verbal.

14. ¿Cuál de los siguientes es un principio clave en la atención a personas con demencia?

a) Estandarización de tratamientos.
b) Atención centrada en la persona.
c) Aislamiento para evitar estímulos.
d) Uso de sujeciones como primera opción.

15. ¿Qué técnica de intervención ayuda a mantener la autonomía en actividades cotidianas en personas con demencia?

a) Terapia pasiva.
b) Entrenamiento mediante rutinas estructuradas y repetición.
c) Evitar la repetición de actividades.
d) Introducir tareas nuevas constantemente.

En MADTEST tienes **más preguntas de este tema**, y todos tus avances quedan registrados y se reflejan en el ranking.

¡Supera tus límites con MADTEST!

Solución al test n.º 5

1. c) Hiperetamorfosis.

2. b) Incapacidad de ejecutar movimientos voluntarios a pesar de tener fuerza.

3. b) Desorientación temporal y espacial progresiva.

4. b) Emisión de lenguaje muy limitado o ausencia de lenguaje.

5. c) Usar preguntas cerradas y repetición de frases.

6. b) Validar sus emociones y reconducir suavemente.

7. a) Memoria emocional y afectiva.

8. b) Colocar relojes grandes, calendarios y carteles identificativos.

9. b) Trastornos del sueño y deambulación nocturna.

10. b) Utilizar lenguaje técnico o abstracto.

11. b) Temblor en reposo, rigidez y bradicinesia leve.

12. a) Disfagia.

13. b) Contradecir constantemente lo que dice.

14. b) Atención centrada en la persona.

15. b) Entrenamiento mediante rutinas estructuradas y repetición.

TEST N.º 6

Medidas restrictivas y sujeciones: Definición de términos, indicaciones/ contraindicaciones, control y revisión de sujeciones. Metodología de eliminación de sujeciones: Cuidados sin sujeciones, actuación hacia el entorno, actuación hacia la propia persona residente y actuación hacia los profesionales del centro. Reconocimiento de las garantías para el ejercicio de derechos y deberes de las personas. Conciliación de la seguridad, la autonomía y el bienestar

1. ¿A qué tipo de modalidad terapéutica, dentro de las restricciones o categorías de contención del enfermo psiquiátrico, pertenece la clase que incluye entre otras acciones el control de estímulos y la vigilancia de la existencia de espacios apropiados?

a) Reducción verbal.
b) Acción farmacológica.
c) Reducción física.
d) Reducción ambiental.

2. El empleo de sistemas de sujeción e inmovilización mecánica en el anciano dentro de las restricciones que se aplica al enfermo psiquiátrico pertenece al grupo de:

a) Reducción verbal
b) Acción farmacológica.
c) Reducción física.
d) Reducción ambiental.

3. Respecto a los medios de sujeción e inmovilización mecánica sobre los pacientes es Incorrecto que:

a) Deben aplicarse con suma discreción.
b) Deben reunir las máximas garantías de seguridad.

c) No tienen que estar recomendadas siempre por un facultativo médico.

d) Deben ser siempre el último recurso ante determinadas conductas.

4. Es frecuente que los pacientes sujetos:

a) Se calmen después de un tiempo.

b) Nunca se calmen y deban seguir en esa situación.

c) No representen una amenaza para su integridad física, si no lo estuvieran.

d) Se enajenen definitivamente.

5. Respecto a determinados principios a seguir con el uso de los sistemas de sujeción e inmovilización mecánica es cierto:

a) Deben tener indicación terapéutica.

b) Existen protocolos y normas de actuación.

c) Deben evitar la improvisación.

d) Todas son correctas.

6. Respecto a los pacientes paranoides, en el entorno de una institución donde se va a inmovilizar a otro paciente, lo más correcto es actuar:

a) Con público, ya que disminuye la ansiedad en el resto de pacientes.

b) Sin público, ya que disminuye la ansiedad en el resto de pacientes.

c) Con público, ya que aumenta la ansiedad en el resto de pacientes.

d) Sin público, ya que aumenta la ansiedad en el resto de pacientes.

7. ¿Qué situación es incorrecta por parte del personal sanitario que realiza una intervención para reducir a un paciente agresivo?

a) Deberá actuar profesionalmente.

b) Poseerá durante la misma una actitud enérgica pero amable.

c) Se actuará impidiéndole el movimiento.

d) Se golpeará con saña para reducirlo.

8. ¿Qué elemento corporal se debe inmovilizar por cada miembro del personal que actúa en la intervención para reducir a un paciente agresivo?

a) Miembros en zonas proximales, tronco y cabeza.

b) Exclusivamente los miembros en sus zonas proximales.

c) Exclusivamente los miembros en sus zonas distales.

d) Tórax y abdomen, por delante y por detrás.

9. ¿Cómo debe ser mejor y más adecuada la autorización por el médico de una reducción y sujeción de un paciente agresivo?

a) Mediante lenguaje no verbal (para que el paciente no se dé cuenta).
b) Mediante lenguaje verbal.
c) Por escrito.
d) Por teléfono.

10. ¿Se debe registrar la razón de la contención a un paciente agresivo?

a) No es necesario.
b) Siempre y de forma minuciosa, detallando solo el tiempo que esta duró.
c) Siempre y de forma minuciosa, detallando el tiempo que duró y la respuesta del enfermo.
d) Siempre y de forma minuciosa, detallando el tiempo que duró, la respuesta del sujeto y la evolución del tratamiento.

11. Respecto a la sujeción física de estos pacientes es cierto:

a) Que debe llevarse a cabo con cualquier material que lo inmovilice.
b) Que debe hacerse por el personal hasta que este se calme.
c) Que no debe emplearse ningún sistema de sujeción física, sino la palabra del sanitario.
d) Que debe emplearse exclusivamente sistemas homologados de sujeción.

12. ¿Qué medida puede considerarse alternativa a la sujeción?

a) Aplicar ansiolíticos preventivamente.
b) Colocar sillas con ruedas sin freno.
c) Ajustar la rutina del paciente para evitar agitación.
d) Uso de cinturón de seguridad 24h.

13. ¿Qué documento debe contener el protocolo de sujeciones de un centro?

a) Tipos de sujeciones, condiciones, responsabilidades y registro.
b) Solo lista de materiales autorizados.
c) Horarios en los que se puede usar.
d) Datos económicos del proveedor.

14. ¿Cuál es una complicación frecuente por el uso prolongado de sujeciones físicas?

a) Mejora del sueño.
b) Mejora del control conductual.

c) Úlceras por presión.
d) Incremento de reflejos.

15. ¿Qué actitud ética es fundamental al aplicar cualquier contención?

a) Autoridad.
b) Respeto a la dignidad de la persona.
c) Neutralidad emocional.
d) Evitación del diálogo.

En MADTEST tienes **más preguntas de este tema**, y todos tus avances quedan registrados y se reflejan en el ranking.

¡Supera tus límites con MADTEST!

Solución al test n.º 6

1. d) Reducción ambiental.

2. c) Reducción física.

3. c) No tienen que estar recomendadas siempre por un facultativo médico.

4. a) Se calmen después de un tiempo.

5. d) Todas son correctas.

6. b) Sin público, ya que disminuye la ansiedad en el resto de pacientes.

7. d) Se golpeará con saña para reducirlo.

8. c) Exclusivamente los miembros en sus zonas distales.

9. c) Por escrito.

10. d) Siempre y de forma minuciosa, detallando el tiempo que duró, la respuesta del sujeto y la evolución del tratamiento.

11. d) Que debe emplearse exclusivamente sistemas homologados de sujeción.

12. c) Ajustar la rutina del paciente para evitar agitación.

13. a) Tipos de sujeciones, condiciones, responsabilidades y registro.

14. c) Úlceras por presión.

15. b) Respeto a la dignidad de la persona.

Bloque II: cuidados, prevención y promoción

Limpieza, desinfección y esterilización del material sanitario. Conceptos y principios básicos. Métodos de desinfección y métodos de esterilización. Infecciones Nosocomiales: Definición, cadena epidemiológica, barreras higiénicas. Tipos y Medidas de aislamiento. Higiene de manos e importancia del lavado de manos

1. ¿Qué tipo de agentes utiliza más frecuentemente la asepsia para conseguir matar y eliminar los microorganismos?

a) Agentes mecánicos.
b) Agentes físicos.
c) Agentes biológicos.
d) Agentes químicos.

2. El material estéril:

a) No posee ningún tipo de microorganismo patógeno.
b) No posee gérmenes tipo virus, bacterias y hongos.
c) No posee ningún tipo de microorganismo patógeno, ni microorganismo no patógeno, e incluso ni siquiera sus formas de resistencia.
d) No posee ningún tipo de microorganismo patógeno y no patógeno.

3. ¿Qué termino es sinónimo de antisepsia en la práctica?

a) Descontaminación.
b) Desinfección.
c) Esterilización.
d) Desinfestación.

4. ¿Cómo se denomina al conjunto de técnicas destinadas a la eliminación de los artrópodos?

a) Desinsectación.
b) Desinfección.
c) Esterilización.
d) Desinfestación.

5. ¿Qué insecticidas en la práctica se consideran los más importantes?

a) Asfixiantes.
b) Fumigantes.
c) Repelentes.
d) Por contacto.

6. ¿A qué grupo de insecticidas pertenece el famoso DDT?

a) Asfixiantes.
b) Fumigantes.
c) Repelentes.
d) Por contacto.

7. ¿Dónde incluirías a la aguja de Reverdin en la clasificación del instrumental quirúrgico?

a) En instrumental de Hemostasia.
b) En instrumental de sutura.
c) En instrumental de disección.
d) En instrumental de corte.

8. Dentro de la clasificación de bisturíes entra:

a) Tijeras para suturas.
b) Pinzas de Kelly.
c) Las lancetas.
d) Catgut.

9. Las pinzas utilizadas para hemostasia de menor tamaño son:

a) Pean.
b) Kelly.
c) Kocher.
d) Mosquito.

10. El instrumental quirúrgico de síntesis es el instrumental:

a) De talla o campo.
b) De sutura.
c) De hemostasia.
d) De exposición.

11. ¿Mediante qué procedimiento hoy día en los autoclaves modernos se comprueban las condiciones físicas de los aparatos?

a) Mediante impresión de los registros o gráfico directo de los registros de presión, tiempo y temperatura.
b) Mediante sensor térmico.

c) Mediante sensor de presión.
d) Mediante sensor de variables.

12. ¿Cuál de estos métodos de control no corresponde a controles físicos?

a) Los termómetros.
b) Los manómetros.
c) Los tubos testigos.
d) Los medidores de humedad.

13. ¿Dónde se colocan los indicadores colorimétricos como medio de control químico esencialmente térmico que comprueban si la esterilización ha funcionado?

a) Se colocan dentro del paquete a esterilizar y en zonas del interior del autoclave de difícil acceso.
b) Se colocan en el exterior en forma de cinta autoadhesiva y en zonas del interior del autoclave de difícil acceso.
c) Se colocan en el exterior en forma de cinta autoadhesiva y dentro del paquete.
d) Se colocan en el exterior en forma de cinta autoadhesiva, dentro del paquete y en zonas del interior del autoclave de difícil acceso.

14. ¿Qué técnicas de medio de control químico (testigo) se realizan en esterilización?

a) Técnicas azufradas.
b) Técnicas colorimétricas.
c) Técnicas olorimétricas.
d) Las respuestas a) y c) son correctas.

15. ¿De qué depende el período que dura una esterilización?

a) Depende del tipo de control biológico realizado y del tipo de envoltorio empleado.
b) Depende del tipo de envoltorio utilizado y del medio de transporte empleado.
c) Depende del tipo de envoltorio utilizado, de las condiciones de almacenamiento, del tipo de material, y del transporte empleado, entre otros.
d) Depende del tipo de control físico, químico y biológico realizado.

En MADTEST tienes **más preguntas de este tema**, y todos tus avances quedan registrados y se reflejan en el ranking.

¡Supera tus límites con MADTEST!

Solución al test n.º 7

1. b) Agentes físicos.

2. c) No posee ningún tipo de microorganismo patógeno, ni microorganismo no patógeno, e incluso ni siquiera sus formas de resistencia.

3. b) Desinfección.

4. a) Desinsectación.

5. d) Por contacto.

6. d) Por contacto.

7. b) En instrumental de sutura.

8. c) Las lancetas.

9. d) Mosquito.

10. b) De sutura.

11. a) Mediante impresión de los registros o gráfico directo de los registros de presión, tiempo y temperatura.

12. c) Los tubos testigos.

13. d) Se colocan en el exterior en forma de cinta autoadhesiva, dentro del paquete y en zonas del interior del autoclave de difícil acceso.

14. b) Técnicas colorimétricas.

15. c) Depende del tipo de envoltorio utilizado, de las condiciones de almacenamiento, del tipo de material, y del transporte empleado, entre otros.

TEST N.º 8

Posiciones y mecánica corporal. Movilidad e inmovilidad física, factores que afectan la movilidad. Técnicas de movilización, traslado y deambulación. Actuaciones para el uso de los dispositivos de ayuda en la deambulación. Prevención de fragilidad y caídas en las personas mayores

1. ¿Cómo se llama también la posición de antiTrendelenburg?

a) La posición de litotomía.
b) La posición de Morestin.
c) La posición de Roser.
d) La posición de Sims.

2. La posición mahometana es:

a) La posición de litotomía.
b) La posición de Fowler.
c) La posición de Morestin.
d) La posición genupectoral.

3. ¿Cuál de estas posiciones es quirúrgica?

a) Posición de Fowler.
b) Posición de decúbito supino.
c) Posición de Morestin.
d) Posición de decúbito prono.

4. ¿Cuál de estas posiciones consideras quirúrgica?

a) Posición de Trendelenburg.
b) Posición de decúbito prono.
c) Posición de Fowler.
d) Posición de Sims.

5. La posición de Kraske se emplea en:

a) Pacientes que presenten problemas digestivos con reflujo gastrointestinal, hernias de hiato y enfermedades respiratorias.
b) Pacientes que presenten problemas cardíacos.
c) Cirugía coxígea.
d) Posición antishock.

6. La posición de laminectomía se emplea en:

a) Exploración de recto y previa a colonoscopias.
b) Intervenciones de hernias discales a nivel lumbar o torácico del raquis.
c) Cirugía digestiva de intestino grueso.
d) Intervenciones de vesícula biliar y previa a laparoscopia.

7. La posición de craneotomía se emplea en:

a) Intervenciones de mama.
b) Intervenciones de tórax.
c) Operaciones donde es necesaria la rotura ósea de cráneo.
d) Intervenciones de hernias discales.

8. ¿Para qué exploración se emplea la posición de navaja sevillana?

a) Coxis.
b) Axis.
c) Hemorroides.
d) Uréteres.

9. ¿En qué cavidad de nuestra corporalidad se encuentra la cavidad peritoneal?

a) En la cavidad pélvica.
b) En la cavidad abdominal.
c) En la cavidad torácica.
d) En la cavidad mediastínica.

10. ¿Cómo se denomina el movimiento de alejamiento del plano medio?

a) Flexión.
b) Eversión.
c) Abducción.
d) Rotación.

11. El desarrollo de un programa de ejercicios encaminado a conseguir el restablecimiento de las funciones disminuidas por la enfermedad es:

a) Movilización.
b) Fisioterapia.

c) Masoterapia.
d) Nada de lo anterior.

12. ¿Qué causa física del inmovilismo es fisiológica?

a) La artrosis.
b) La osteoporosis.
c) La enfermedad de Parkinson.
d) Las producidas por el envejecimiento de las personas.

13. Considerando exclusivamente la fuerza, el ángulo de tracción óptimo para cualquier músculo es de:

a) 30 grados.
b) 45 grados.
c) 60 grados.
d) 90 grados.

14. Las úlceras por presión se evitan:

a) Con una sistemática de cambios posturales frecuentes.
b) La necesidad de una aplicación adecuada de buenas posiciones no es prioritaria.
c) Tomando todos los días la medicación recomendada.
d) Son ciertas las respuestas a) y c).

15. ¿Qué paso a seguir es incorrecto en el procedimiento para mover a un enfermo hacia el borde de la cama?

a) El auxiliar se ubicará en el lado de la cama hacia donde se moverá al enfermo.
b) Quitar toda la ropa de la cama, incluso la sábana encimera.
c) Colocar el brazo del paciente que se encuentre más cercano a nosotros a lo largo de su tórax.
d) Colocar un pie delante del otro y flexionar las rodillas.

Solución al test n.º 8

1. b) La posición de Morestin.

2. d) La posición genupectoral.

3. c) Posición de Morestin.

4. a) Posición de Trendelenburg.

5. c) Cirugía coxígea.

6. b) Intervenciones de hernias discales a nivel lumbar o torácico del raquis.

7. c) Operaciones donde es necesaria la rotura ósea de cráneo.

8. c) Hemorroides.

9. b) En la cavidad abdominal.

10. c) Abducción.

11. a) Movilización.

12. d) Las producidas por el envejecimiento de las personas.

13. d) 90 grados.

14. a) Con una sistemática de cambios posturales frecuentes.

15. b) Quitar toda la ropa de la cama, incluso la sábana encimera.

TEST N.º 9

Nociones básicas del aparato respiratorio. Concepto de urgencia y prioridad. Prevención de accidentes por obstrucción de vías altas. Actuación en episodios de urgencia vital: Reanimación cardiopulmonar básica, soporte vital básico. Atención del Auxiliar de Enfermería a la persona con oxigenoterapia

1. ¿Qué tipo de epitelio posee la capa mucosa que tapiza las fosas nasales?

a) Cúbico.
b) Plano.
c) Cilíndrico ciliado.
d) Cilíndrico sin cilios.

2. ¿Cuánto mide aproximadamente la faringe en cm?

a) 4.
b) 8.
c) 12.
d) 2.

3. ¿Dónde está la epiglotis?

a) En la faringe.
b) En la laringe.
c) En la tráquea.
d) En el esófago.

4. ¿Cómo se denominan las estructuras tubulares bronquiales que no poseen anillos cartilaginosos?

a) Bronquios principales.
b) Bronquios primarios.
c) Bronquiolos.
d) Bronquios secundarios.

5. ¿Cómo se denominan las estructuras bronquiales extrapulmonares?

a) Bronquios principales.
b) Bronquios terciarios.
c) Bronquiolos.
d) Bronquios secundarios.

6. ¿Cómo se denomina la capa muy fina que envuelve los pulmones?

a) Pleura.
b) Mediastino.
c) Hilios.
d) Alveolos.

7. ¿Qué tipo de mecanismo se emplea en el intercambio de gases a nivel alveolocapilar en pulmones?

a) Difusión simple o difusión.
b) Transporte activo.
c) Pinocitosis.
d) Fagocitosis.

8. ¿Qué es falso de la circulación menor?

a) En ella hay dos venas pulmonares que van a aurícula derecha.
b) La sangre arterial circula por las venas pulmonares.
c) La sangre que transportan las arterias pulmonares está cargada de dióxido de carbono y empobrecida en oxígeno.
d) La hematosis es el fenómeno de intercambio de gases a nivel alveolocapilar.

9. ¿Cuánto volumen de aire entra en una inspiración normal en nuestros pulmones?

a) Cuarto de litro.
b) Medio litro.
c) Un litro.
d) Cinco litros.

10. ¿Qué circunstancia se da cuando la saturación de oxígeno en sangre unido a hemoglobina es del 80 %?

a) De saturación grave.
b) De saturación moderada.
c) De saturación leve.
d) No existe desaturación.

11. La cánula de Guedel:

a) Es una cánula orofaríngea.
b) Se utiliza para mantener la vía aérea permeable.
c) Es un tubo de plástico abierto en su interior.
d) Todas las respuestas son ciertas.

12. Es un ritmo desfibrilable:

a) TVSP.
b) Asistolia.
c) Sinusal.
d) Bloqueo completo.

13. Si está indicada la descarga con el desfibrilador deberemos estar seguros de que:

a) El ritmo es desfibrilable.
b) El nivel de julios es el correcto.
c) Nadie toca al paciente.
d) El DESA tiene baterías.

14. ¿Cuándo se suspende la RCP básica?

a) Cuando la valoración nos indica que el paciente presenta una PCR.
b) Cuando el paciente necesita una descarga eléctrica.
c) Cuando el reanimador está exhausto.
d) Todas las respuestas son ciertas.

15. En los niños mayores de 1 año las técnicas de RCP se inician con:

a) 30 compresiones.
b) 2 ventilaciones.
c) 5 ventilaciones.
d) 15 compresiones.

En MADTEST tienes **más preguntas de este tema**, y todos tus avances quedan registrados y se reflejan en el ranking.

¡Supera tus límites con MADTEST!

Solución al test n.º 9

1. c) Cilíndrico ciliado.

2. c) 12.

3. b) En la laringe.

4. c) Bronquiolos.

5. a) Bronquios principales.

6. a) Pleura.

7. a) Difusión simple o difusión.

8. a) En ella hay dos venas pulmonares que van a aurícula derecha.

9. b) Medio litro.

10. a) De saturación grave.

11. d) Todas las respuestas son ciertas.

12. a) TVSP.

13. c) Nadie toca al paciente.

14. c) Cuando el reanimador está exhausto.

15. a) 30 compresiones.

TEST N.º 10

Alimentación y nutrición: La alimentación del paciente. Dietas. Tipos de alimentación. Técnicas adecuadas en la alimentación del usuario/a. Alimentación de usuarios /as con problemas de deglución y disfagia

1. ¿A qué se denomina la forma y manera de proporcionar al organismo los alimentos que le son indispensables?

a) Nutrición.
b) Alimentación.
c) Metabolismo.
d) Asimilación.

2. ¿Cómo se denominan los alimentos que están destinados fundamentalmente a la formación y renovación de los tejidos humanos, tanto en la fase de construcción o crecimiento como en la renovación de tejidos en los adultos?

a) Energéticos.
b) Vitamínicos.
c) Plásticos.
d) Reguladores.

3. ¿Qué alimentos son aquellos cuya composición principal son las proteínas y el calcio?

a) Alimentos reguladores.
b) Alimentos biocatalizadores.
c) Alimentos energéticos.
d) Alimentos plásticos.

4. Las frutas pertenecen en la nueva rueda de alimentos al grupo:

a) VI.
b) V.
c) IV.
d) III.

5. La base de la pirámide de alimentación saludable está compuesta de:

a) Recomendaciones de estilos de vida saludable (equilibrio emocional, actividad física diaria, ingesta adecuada de agua...).
b) Tomar alimentos de la dieta mediterránea.
c) Alimentos de consumo opcional y moderado.
d) Alimentos de consumo variado y diario.

6. La ingesta adecuada de agua diaria está en torno a los:

a) 1,5 litros.
b) 2 litros.
c) 2,5 litros.
d) 3,5 litros.

7. La regla de las tres erres, también conocida como 3R se aplican a la alimentación:

a) Variable.
b) Opcional.
c) Sostenible.
d) Saludable.

8. ¿Quién pone directamente en marcha y desarrolla la estrategia NAOS?

a) La Sociedad Española de Nutrición Comunitaria (SENC).
b) La Agencia Española de Seguridad Alimentaria y Nutrición (AESAN).
c) La Secretaría de Estado de Consejos dietéticos, mediante el programa EDALNU del Ministerio de Sanidad.
d) El Ministerio de Innovación, Desarrollo e Industria.

9. ¿Qué carne de estas consideras con más grasa?

a) La carne de cordero.
b) La carne de ternera.
c) La carne de conejo.
d) La carne de caballo.

10. ¿Cuál es la unidad de energía tradicionalmente empleada en nutrición y que sigue usándose con carácter generalizado?

a) El julio (J).
b) La Caloría grande (Cal).
c) El grado centígrado (ºC).
d) El ergio (erg).

11. Empleando la fórmula de Harris y Benedict del metabolismo basal diremos que un varón de 35 kg de peso, 1,40 m de talla y 11 años de edad, será aproximadamente de:

a) 700.
b) 850.
c) 1100.
d) 2100.

12. ¿Qué factor se estos es el que más influye en la multiplicación de microorganismos?

a) Las calorías de los alimentos.
b) La temperatura del medio.
c) La presión atmosférica.
d) La presencia o no de otros gérmenes.

13. ¿Qué agentes bióticos de los siguientes son mas productores de toxiinfecciones alimentarias?

a) Hongos.
b) Bacterias.
c) Protozoos.
d) Parásitos.

14. ¿Cuál es la fuente más importante de contaminación de intoxicaciones quími-cas de origen alimentario de forma directa sobre frutas y verduras que ingerimos, o indirecta tras la ingesta de lo anterior de animales?

a) El estiércol de origen animal.
b) Los mercuriales.
c) Los insecticidas.
d) El riego con agua contaminada.

15. ¿Qué aminoácido es esencial?

a) Prolina.
b) Cisteína.
c) Triptófano.
d) Alanina.

Solución al test n.º 10

1. b) Alimentación.

2. c) Plásticos.

3. d) Alimentos plásticos.

4. a) VI.

5. a) Recomendaciones de estilos de vida saludable (equilibrio emocional, actividad física diaria, ingesta adecuada de agua…).

6. c) 2,5 litros.

7. c) Sostenible.

8. b) La Agencia Española de Seguridad Alimentaria y Nutrición (AESAN).

9. a) La carne de cordero.

10. b) La Caloría grande (Cal).

11. c) 1100.

12. b) La temperatura del medio.

13. b) Bacterias.

14. c) Los insecticidas.

15. c) Triptófano.

Higiene y aseo del usuario/a. Concepto, higiene general y parcial. Higiene de la persona encamada y situaciones especiales. Técnicas de higiene capilar. Técnica de higiene bucal. Higiene de genitales. Cuidado de las uñas. Úlceras por presión: Etiología, concepto y factores que las provocan, zonas de riesgo y medidas de prevención

1. ¿Qué elemento o elementos anatómicos de estos no pertenece al sistema tegumentario?

a) Piel.
b) Pelos.
c) Uñas.
d) Cartílagos.

2. El tejido celular subcutáneo de la piel se denomina:

a) Dermis.
b) Hipodermis.
c) Epidermis.
d) Tejido de Malpighio.

3. ¿Dónde no hay glándulas sebáceas?

a) En axilas.
b) En plantas del pie y palmas de las manos.
c) En cuero cabelludo.
d) En cara.

4. ¿Cómo se denomina la parte de las uñas que se observa en sus zonas proximales en forma de zona blanquecina semicircular?

a) Cutícula.
b) Lúnula.
c) Bulbo.
d) Médula.

5. ¿Cómo se denomina la lesión primaria de la piel, elevada, circunscrita, infiltrada, producida por inflamación crónica y que deja cicatriz cuando resuelve?

a) Tubérculo.
b) Roncha.
c) Habón.
d) Vesícula.

6. ¿Qué lesión elemental primaria de la piel es aquella que se manifiesta sobreelevada y de contenido sólido, inferior a 1 cm de diámetro?

a) Pápula.
b) Mácula.
c) Púrpura.
d) Ampolla.

7. ¿Qué lesión secundaria y elemental de la piel es producida por desecación de exudados o sangre?

a) Pústula.
b) Escama.
c) Costra.
d) Liquenificación.

8. Una erosión en la piel se define como aquella lesión elemental que se manifiesta como:

a) Una pérdida superficial de la epidermis que cura sin cicatriz.
b) Una solución de continuidad que afecta a epidermis y dermis papilar.
c) Una pérdida de sustancia que afecta a epidermis, dermis y tejido subcutáneo.
d) Una pequeña elevación cutánea parecida a la ampolla pero contiene en su interior pus.

9. ¿Qué dermatosis es muy frecuente en adolescencia (hasta en el 80 %)?

a) Acné.
b) Psoriasis.
c) Vitíligo.
d) Forúnculos.

10. ¿Qué infección de la piel es vírica?

a) Psoriasis.
b) Herpes simple.
c) Forúnculo.
d) Escabiosis.

11. ¿Cómo se denomina la última fase de formación de la úlcera de presión o forma más evolucionada?

a) Fase final de exitus.
b) Fase escoriativa.
c) Fase eritematosa.
d) Fase necrótica.

12. ¿Qué estadio es la preúlcera según la clasificación del *Grupo Nacional para el Estudio y Asesoramiento sobre las Úlceras por Presión y el Grupo Europeo de Úlceras por Presión*?

a) Estadio 0.
b) Estadio 1.
c) Estadio a.
d) Estadio A.

13. ¿Cuántos parámetros se valoran en la Escala de Norton?

a) 3.
b) 4.
c) 5.
d) 6.

14. Si la incontinencia del paciente es urinaria y fecal, en ese parámetro de la Escala de Norton obtendría una puntuación de:

a) 4.
b) 3.
c) 2.
d) 1.

15. ¿Qué puntuación presentaría un paciente (Escala de Norton) con úlcera por presión que presenta un estado físico general regular, una actividad disminuida, sin incontinencia, y está sentado y confuso?

a) 24.
b) 20.
c) 13.
d) 9.

En MADTEST tienes **más preguntas de este tema**, y todos tus avances quedan registrados y se reflejan en el ranking.

¡Supera tus límites con MADTEST!

Solución al test n.º 11

1. d) Cartílagos.

2. b) Hipodermis.

3. b) En plantas del pie y palmas de las manos.

4. b) Lúnula.

5. a) Tubérculo.

6. a) Pápula.

7. c) Costra.

8. a) Una pérdida superficial de la epidermis que cura sin cicatriz.

9. a) Acné.

10. b) Herpes simple.

11. d) Fase necrótica.

12. b) Estadio 1.

13. c) 5.

14. d) 1.

15. c) 13.

Cuidados de enfermería del aparato urinario. Conceptos generales. Eliminación urinaria. Características de la orina. Recogida de muestras Incontinencia, tipos de incontinencia, medidas de prevención de estados de incontinencia y promoción de la salud y autonomía. El papel del auxiliar de enfermería en el cuidado de personas usuarias con incontinencia urinaria

1. El transporte de la orina desde los riñones a la vejiga urinaria se realiza mediante:

a) Los riñones.
b) Los uréteres.
c) Las glándulas suprarrenales.
d) La uretra.

2. ¿Qué hormona renal interviene en el funcionamiento de un sistema regulador de la presión arterial?

a) Eritropoyetina.
b) Renina.
c) Aldosterona.
d) Renopresina.

3. ¿Qué estructuras entran y salen por el hilio renal?

a) Entran la arteria renal y el uréter, y salen la vena renal y el nervio renal.
b) Entran la arteria y el nervio renal, y salen la vena renal y el uréter.
c) Entran la vena y el nervio renal, y salen la arteria renal y el uréter.
d) Entran la vena renal y el uréter, y salen la arteria renal y el nervio renal.

4. La uretra comienza en la vejiga urinaria en:

a) Su cara posterior.
b) Su vértice superior.

c) Sus caras laterales.
d) Su vértice inferior.

5. ¿En qué uretra de estas está en el pene?

a) Uretra prostática.
b) Uretra membranosa.
c) Uretra cavernosa.
d) La uretra no llega al pene.

6. ¿Cuántos litros se filtran al día en los riñones aproximadamente?

a) 90.
b) 180.
c) 280.
d) 800.

7. ¿Qué hormona interviene con su presencia en una menor cantidad de orina por aumento en la reabsorción de agua?

a) Aldosterona.
b) ADH.
c) Renina.
d) DHA.

8. ¿Cómo se denomina el volumen de orina diario?

a) Poliuria.
b) Voliuria.
c) Enuresis.
d) Diuresis.

9. Si la emisión de orina es inferior a 500 ml diarios tendremos un caso de:

a) Poliuria.
b) Anuria.
c) Polaquiuria.
d) Oliguria.

10. Si orino muchas veces al día (aunque sea poco volumen) tengo una:

a) Poliuria.
b) Disuria.
c) Enuresis.
d) Polaquiuria.

11. ¿Qué aspecto de los que se nombran presentará la orina con hepatitis vírica activa (ictericia)?

a) Amarillo oscuro.
b) Coluria.
c) Amarillo pálido.
d) Rojiza (hematuria).

12. ¿En qué circunstancias está indicada la hemofiltración?

a) En pacientes con insuficiencia renal oligúrica.
b) En pacientes con colitis ulcerosa.
c) En pacientes con insuficiencia renal poliúrica.
d) En pacientes con enfermedad de Crohn.

13. ¿Cuál es la definición más precisa de incontinencia urinaria?

a) Deseo constante de orinar.
b) Disminución de la frecuencia miccional.
c) Pérdida involuntaria de orina que causa un problema higiénico o social.
d) Retención total de orina.

14. ¿Qué tipo de incontinencia urinaria es más común en mujeres mayores?

a) Incontinencia por rebosamiento.
b) Incontinencia total.
c) Incontinencia de esfuerzo.
d) Incontinencia funcional.

15. ¿Qué caracteriza a la incontinencia de urgencia?

a) Pérdida de orina al estar en reposo.
b) Deseo repentino e intenso de orinar, con pérdida inmediata.
c) Retención urinaria seguida de pérdida.
d) Goteo constante sin aviso.

Solución al test n.º 12

1. b) Los uréteres.

2. b) Renina.

3. b) Entran la arteria y el nervio renal, y salen la vena renal y el uréter.

4. d) Su vértice inferior.

5. c) Uretra cavernosa.

6. b) 180.

7. b) ADH.

8. d) Diuresis.

9. d) Oliguria.

10. d) Polaquiuria.

11. b) Coluria.

12. a) En pacientes con insuficiencia renal oligúrica.

13. c) Pérdida involuntaria de orina que causa un problema higiénico o social.

14. c) Incontinencia de esfuerzo.

15. b) Deseo repentino e intenso de orinar, con pérdida inmediata.

TEST N.º 13

Cuidados paliativos: cuidados en la agonía y síntomas más frecuentes. Muerte con dignidad. Duelo, tipo y manifestaciones. Actitudes del/la profesional de auxiliar de enfermería con las personas mayores que están a punto de morir. Voluntades anticipadas

1. ¿Qué aspecto de estos es clave que se dé en cuidados paliativos, siempre que sea posible?

a) La atención hospitalaria.
b) La atención en centro de salud habitual.
c) La atención en centro de salud especializado.
d) La atención domiciliaria.

2. Respecto a los cuidados paliativos no es cierto que:

a) Mejoran la calidad de vida de los pacientes y de sus familias.
b) Alivian el dolor y otros síntomas.
c) Aceleran la muerte.
d) Afirman la vida, y consideran la muerte como un proceso normal.

3. ¿Qué pronóstico (en meses) de vida es el promedio general en pacientes terminales?

a) Está limitado a 2 meses ($\pm$ 1).
b) Está limitado a 3 meses ($\pm$ 2).
c) Está limitado a 6 meses ($\pm$ 3).
d) Está limitado a 9 meses ($\pm$ 3).

4. ¿Qué principio básico, según Beauchamp y Childress, se sintetiza con la expresión latina *primum non nocere*?

a) Justicia.
b) No maleficencia.

c) Autonomía.
d) Beneficencia.

5. ¿En qué tipo de actuaciones se basan los cuidados paliativos?

a) Eutanasia.
b) Eugenesia.
c) Distanasia.
d) Ortotanasia.

6. A toda acción que pretende terminar con la vida del enfermo para acabar con el sufrimiento se le denomina:

a) Eutanasia.
b) Distanasia.
c) Eugenesia.
d) Ortotanasia.

7. ¿Cuál de estos derechos que se nombran a continuación, de las personas adultas en situación terminal, no consideras que sea tal?

a) Derecho a recibir atención médica y soporte personal.
b) Derecho a la autodeterminación y a rechazar un tratamiento.
c) Derecho a participar en la toma de decisiones relativas a las pruebas complementarias, aunque no en el tratamiento.
d) Derecho a ser tratados con la mayor dignidad y a ver su dolor aliviado.

8. Respecto al reposo y al sueño del enfermo terminal es cierto que:

a) Son infrecuentes las irregularidades en el patrón del sueño.
b) No se deben dar hipnóticos para el sueño, aunque se prescriban por el facultativo.
c) Hay que evitar que se sienta solo, y esto lo relaja y disminuye su estrés, favoreciendo que no se den las irregularidades del sueño.
d) La causa del insomnio siempre es psicológica.

9. ¿Qué consejo en la alimentación en cuidados paliativos es incorrecto?

a) No presionar o agobiar al paciente con la comida, intentando adaptarse al "gusto" del paciente.
b) Presentar la comida de forma atractiva (la comida entra por los ojos).
c) Fraccionar la dieta en seis o siete tomas al día (más veces, menos cantidad), evitando alimentos flatulentos, muy condimentados, o/y con olores intensos.
d) Hay que obligar a comer a los pacientes, la falta de comida constituye una ded las causas de empeoramiento.

10. ¿Qué virus es el que más frecuentemente aparece en la boca de los enfermos que están recibiendo quimioterapia?

a) Cándida.
b) Virus de Epstein-Barr.
c) Citomegalovirus.
d) Herpes simple.

11. ¿Qué aspecto no posee el dolor agudo que sí lo posee el dolor crónico?

a) Posee una misión biológica.
b) Mejor vía de administración la analgesia oral/rectal.
c) Posee un comienzo de alivio rápido.
d) El paciente presenta un estado emocional ante el dolor de cansado/ansioso.

12. ¿Qué factor de esto disminuye el dolor?

a) Miedo.
b) Depresión.
c) Vejez.
d) Sueño.

13. ¿Qué dolor de estos no es nociceptivo?

a) El dolor somático, por estimulación de los receptores periféricos.
b) El dolor visceral, por infiltración, compresión o distensión de vísceras.
c) El dolor neuropático, por daño del Sistema Nervioso Central (dolor central) o periférico (desaferentización).
d) Todos son nociceptivos.

14. Todo lo que se expone del fentanilo es cierto, excepto que:

a) Es un opioide sintético.
b) El fentanilo tiene indicaciones diferentes a la morfina en el tratamiento de dolor crónico que no responda al segundo escalón de la OMS.
c) El principal inconveniente del fentanilo-TTS es su mala adherencia en pieles sudorosas o/y febriles.
d) El fentanilo está especialmente indicado en disfagia/odinofagia, cuando existe un escaso cumplimiento de la medicación oral y cuando se dan problemas en el tránsito gastrointestinal (ocasiona menos estreñimiento).

15. ¿Qué causa de la ansiedad se relaciona con las fases de duelo de la doctora Kübler-Ross?

a) Los problemas relacionados con efectos directos de la enfermedad o complicaciones médicas.
b) Las reacciones adaptativas como consecuencia de la aparición de cambios inevitables.

c) Los problemas derivados de la existencia previa de problemas psicológicos.

d) Aquellas derivadas de los efectos secundarios del tratamiento.

En MADTEST tienes **más preguntas de este tema**, y todos tus avances quedan registrados y se reflejan en el ranking.

¡Supera tus límites con MADTEST!

Solución al test n.º 13

1. d) La atención domiciliaria.

2. c) Aceleran la muerte.

3. c) Está limitado a 6 meses (± 3).

4. b) No maleficencia.

5. d) Ortotanasia.

6. a) Eutanasia.

7. c) Derecho a participar en la toma de decisiones relativas a las pruebas complementarias, aunque no en el tratamiento.

8. c) Hay que evitar que se sienta solo, y esto lo relaja y disminuye su estrés, favoreciendo que no se den las irregularidades del sueño.

9. d) Hay que obligar a comer a los pacientes, la falta de comida constituye una ded las causas de empeoramiento.

10. d) Herpes simple.

11. b) Mejor vía de administración la analgesia oral/rectal.

12. d) Sueño.

13. c) El dolor neuropático, por daño del Sistema Nervioso Central (dolor central) o periférico (desaferentización).

14. b) El fentanilo tiene indicaciones diferentes a la morfina en el tratamiento de dolor crónico que no responda al segundo escalón de la OMS.

15. b) Las reacciones adaptativas como consecuencia de la aparición de cambios inevitables.

TEST N.º 14

Derechos y obligaciones en materia de información y documentación: Archivo, registro y traslado de documentación. Actuaciones del/la profesional de auxiliar de enfermería para el registro de datos y la gestión de ficheros del usuario/a. El consentimiento informado. La protección de datos: principios, derechos y obligaciones

1. ¿Cada cuánto tiempo generalmente se deben actualizar las órdenes de tratamientos?

a) Cada día.
b) Cada tres días.
c) Cada semana.
d) Cada mes.

2. ¿En qué hoja operatoria se hace constar las peticiones al banco de sangre, radiodiagnóstico, los envíos a anatomía patológica, etc.?

a) Hoja de enfermería.
b) Hoja de intervención quirúrgica.
c) Hoja de anestesia.
d) Hoja de diagnóstico.

3. En los registros de actividades y codificación a nivel sanitario, se podrá incluir los datos siguientes, excepto:

a) Código postal del domicilio habitual del paciente.
b) Número de Historia clínica del enfermo.
c) Orientación sexual del paciente.
d) Se podrá incluir todo.

4. El consumo de alcohol, como hábito tóxico, se debe expresar en la Historia Clínica como:

a) Centímetros cúbicos de alcohol al día.
b) Volumen total de etanol en una semana.

c) Gramos de etanol al día.

d) Masa total de alcohol en una semana.

5. ¿Dónde suele emplearse el orden alfabético en la ordenación de Historias Clínicas de pacientes?

a) En el medio rural.

b) En el medio urbano.

c) En países árabes.

d) En algunas Comunidades Autónomas, por considerarse algo tradicional.

6. Respecto al consentimiento informado como documento de la historia clínica, solo será exigible en la misma cuando:

a) Lo solicite el paciente o el representante legal.

b) Se trate de un proceso de hospitalización y lo solicite el médico.

c) Lo solicite el paciente (o el representante legal) y el médico.

d) Se trate de un proceso de hospitalización o así se disponga normativamente.

7. Un centro sanitario es:

a) El conjunto organizado de profesionales que realizan actividades y prestan servicios para cuidar la salud de los pacientes y usuarios.

b) El conjunto organizado de profesionales exclusivamente sanitarios, de instalaciones y de medios técnicos que realizan actividades y prestan servicios para cuidar la salud de los pacientes y usuarios.

c) El conjunto organizado de profesionales, instalaciones y medios técnicos que realiza actividades y presta servicios para cuidar la salud de los pacientes y usuarios.

d) El conjunto organizado de instalaciones y medios técnicos necesarios para realizar actividades y prestar servicios para cuidar la salud de los pacientes y usuarios.

8. ¿Cómo debe ser necesariamente el consentimiento informado de un paciente?

a) La conformidad libre, voluntaria e inconsciente (sin necesidad de estar en pleno uso de sus facultades).

b) La conformidad forzada, voluntaria e consciente o/e inconsciente (sin necesidad de estar en pleno uso de sus facultades).

c) La conformidad forzada, involuntaria y consciente (con necesidad de estar en pleno uso de sus facultades).

d) La conformidad libre, voluntaria y consciente (con necesidad de estar en pleno uso de sus facultades).

9. El acceso a la historia clínica con fines asistenciales corresponde a:

a) Los tribunales.

b) Los profesionales asistenciales del centro que realizan el diagnóstico o el tratamiento del paciente.

c) Los profesionales no asistenciales del centro que realizan el diagnóstico o el trata-miento del paciente.

d) Los profesionales asistenciales y no asistenciales del centro que realizan el diagnóstico o el tratamiento del paciente.

10. ¿Cuántos años como mínimo (contados desde la fecha del alta de cada proceso asistencial), los centros sanitarios tienen la obligación de conservar la documentación clínica en condiciones que garanticen su correcto mantenimiento y seguridad?

a) 2.
b) 5.
c) 10.
d) 25.

11. ¿Qué fundamento ético es aquel que exige que todas las personas sean tratadas con el mismo respeto y consideración en el orden social?

a) Justicia.
b) No maleficencia.
c) Autonomía.
d) Beneficencia.

12. El consentimiento informado (aceptación):

a) Culmina siempre con la aceptación del paciente a un procedimiento diagnóstico o terapéutico.

b) Culmina con la aceptación/negación del paciente a un procedimiento diagnóstico o terapéutico.

c) Se contempla como un proceso de transmisión de responsabilidades hacia el paciente.

d) Debe constar siempre por escrito.

13. Si un paciente se niega a firmar el Consentimiento Informado:

a) El médico especialista tiene el deber de ejercer la presión necesaria para que cambie de opinión, ya que es lo mejor para su salud.

b) Se le debe instar a firmar su "no autorización" y el alta voluntaria.

c) El enfermo tiene la obligación de revelar por escrito las causas que le llevan a tomar esta decisión.

d) El enfermo no puede negarse, bajo ningún concepto.

14. El derecho de toda persona a que se respete el carácter confidencial de los datos referentes a su salud, se trata del derecho a:

a) La salud.
b) La intimidad.
c) La autonomía.
d) La vida.

15. Según normativa, ¿quién es el titular de derecho a la información asistencial?

a) Exclusivamente el paciente.
b) El paciente y sus familiares.
c) El paciente, sus familiares y si lo hubiese el tutor legal o responsable.
d) El paciente y su cónyuge exclusivamente.

En MADTEST tienes **más preguntas de este tema,** y todos tus avances quedan registrados y se reflejan en el ranking.

¡Supera tus límites con MADTEST!

Solución al test n.º 14

1. a) Cada día.

2. a) Hoja de enfermería.

3. c) Orientación sexual del paciente.

4. c) Gramos de etanol al día.

5. a) En el medio rural.

6. d) Se trate de un proceso de hospitalización o así se disponga normativamente.

7. c) El conjunto organizado de profesionales, instalaciones y medios técnicos que realiza actividades y presta servicios para cuidar la salud de los pacientes y usuarios.

8. d) La conformidad libre, voluntaria y consciente (con necesidad de estar en pleno uso de sus facultades).

9. b) Los profesionales asistenciales del centro que realizan el diagnóstico o el tratamiento del paciente.

10. b) 5.

11. a) Justicia.

12. b) Culmina con la aceptación/negación del paciente a un procedimiento diagnóstico o terapéutico.

13. b) Se le debe instar a firmar su "no autorización" y el alta voluntaria.

14. b) La intimidad.

15. a) Exclusivamente el paciente.

Cómo acceder al Curso

Escala Auxiliar de Enfermería (C2-03-03 Cuerpo de Servicios Auxiliares)
Test del temario

El uso de los códigos **es exclusivo de los compradores de los productos de Editorial MAD**. Cada producto posee un código único y de un solo uso. Es personal e intransferible y da acceso a servicios y contenidos adicionales. Editorial MAD se reserva el derecho de hacer cuantas comprobaciones sean necesarias para identificar al legítimo poseedor del código y dejar de dar servicio a quien haga uso fraudulento del mismo, además de emprender cuantas acciones legales estime oportunas según la legislación vigente.

Deberás acceder a:

mad.es/registro-campus

Si una vez aceptadas las condiciones de uso del Campus decides hacer uso del mismo, necesitarás del siguiente código de acceso junto con los códigos del resto de títulos que se exigen (si fuera el caso):

ZJPV5C4FGE